**权威·前沿·原创**

皮书系列为
"十二五""十三五"国家重点图书出版规划项目

BLUE BOOK

智库成果出版与传播平台

北京教师发展蓝皮书

BLUE BOOK OF TEACHER DEVELOPMENT IN BEIJING

# 北京教师发展报告（2020）

ANNUAL REPORT ON TEACHER DEVELOPMENT IN BEIJING (2020)

主　编／方中雄　桑锦龙
执行主编／鱼　霞

社会科学文献出版社
SOCIAL SCIENCES ACADEMIC PRESS (CHINA)

## 图书在版编目(CIP)数据

北京教师发展报告.2020 / 方中雄,桑锦龙主编.——北京:社会科学文献出版社,2021.1
(北京教师发展蓝皮书)
ISBN 978-7-5201-7781-8

Ⅰ.①北… Ⅱ.①方… ②桑… Ⅲ.①师资队伍建设－研究报告－北京－2020 Ⅳ.①G451.2

中国版本图书馆 CIP 数据核字(2021)第 017564 号

北京教师发展蓝皮书
## 北京教师发展报告(2020)

主　　编 / 方中雄　桑锦龙
执行主编 / 鱼　霞

出 版 人 / 王利民
责任编辑 / 范　迎
文稿编辑 / 徐　花

出　　版 / 社会科学文献出版社·人文分社 (010) 59367215
　　　　　　地址:北京市北三环中路甲29号院华龙大厦　邮编:100029
　　　　　　网址:www.ssap.com.cn
发　　行 / 市场营销中心 (010) 59367081　59367083
印　　装 / 三河市东方印刷有限公司

规　　格 / 开　本:787mm×1092mm　1/16
　　　　　　印　张:10.75　字　数:157千字
版　　次 / 2021年1月第1版　2021年1月第1次印刷
书　　号 / ISBN 978-7-5201-7781-8
定　　价 / 99.00元

本书如有印装质量问题,请与读者服务中心 (010-59367028) 联系

▲ 版权所有 翻印必究

# 编 委 会

**主　　　编**　方中雄　桑锦龙

**执 行 主 编**　鱼　霞

**执行副主编**　郝保伟　宋洪鹏

**编委会成员**　（按姓氏笔画排序）

　　　　　　　王　婷　方中雄　李一飞　宋洪鹏　陈黎明
　　　　　　　周　惠　鱼　霞　郝保伟　桑锦龙　赖德信

# 主编简介

**方中雄** 北京教育科学研究院院长，研究员，主要研究领域为教育行政管理、教师专业发展。主持和参与各级教育课题几十项，多次参与影响国家及首都教育发展的重大教育决策、调研和文本编制，主编《京津冀教育发展研究报告》和《北京教育发展研究报告》两个蓝皮书系列。

**桑锦龙** 北京教育科学研究院副院长，院学术委员会主任，研究员，教育学博士，主要研究领域为教育发展战略规划、教育政策和教育社会学。主持和参与全国教育科学规划课题等各类课题20余项，多次参与国家及首都重大教育改革和发展政策的调研与文本编制，出版《公共教育服务体系建设概论》《教育转型与专科毕业生就业》2部专著。

**鱼　霞** 北京教育科学研究院教师研究中心主任，院学术委员，研究员，教育学博士，主要研究领域为教育政策与教师教育研究。为教育部、北京市相关部门关于校长与教师队伍建设做了大量的政策研究工作，直接参与国家与市级相关政策研制工作；具体负责实施了北京市中小学名师名校长（园长）发展工程的培养工作。主持承担了100多项各级各类课题研究工作；在《教师教育研究》等刊物上发表论文40多篇；出版《反思型教师成长机制探新》等专著5部；主编、参编50多部著作。研究成果曾获第二届北京市基础教育教学成果一等奖。

# 摘　要

百年大计，教育为本；教育大计，教师为本。中共中央、国务院印发的《关于全面深化新时代教师队伍建设改革的意见》指出：教师"是教育发展的第一资源，是国家富强、民族振兴、人民幸福的重要基石"。建设一支高素质专业化创新型教师队伍，是我国教育事业改革和发展的最有力的支撑。

本书分总报告、专题报告、热点分析报告三大板块。

总报告聚焦北京市各级各类教师队伍。从整体上论述了北京市教师队伍发展情况，即各级各类教师队伍总体规模在增加，结构进一步优化，专业素质进一步提升。但在规模、结构、专业素质、工资待遇、管理体制机制等方面依然存在一些突出问题。提出北京市要全面深化新时代教师队伍建设改革，振兴教师教育，多渠道扩充师资来源，全面提升教师队伍素质，完善教师专业发展体系，深化教师管理制度综合改革，推进教师教育治理体系和治理能力现代化，建设高素质专业化创新型教师队伍，为首都教育现代化和首都"四个中心"建设提供坚强的人才和智力支持。

专题报告聚焦北京市农村中小学教师队伍。从北京市农村教师队伍建设情况来看，北京市通过城镇教师支援农村地区教育、教师流动等政策促进农村教师队伍结构优化，通过各类教师培训项目提高农村教师队伍整体素质，通过实行绩效工资、职称评定改革、评优评先倾斜、农村教师岗位生活补助等措施，调动农村教师的积极性，促进农村教师队伍发展。当前，北京市农村教师队伍建设仍然存在不少亟待解决的问题。城乡教师队伍整体素质差距依然较大，农村教师队伍仍面临整体素质不高、结构不尽合理、职业吸引力不强、补充渠道不畅、优质资源配置不足等突出问题，制约了农村基础教育健康、可持续发展。农村教师，特别是远郊区农村教师，工作和生活环境依

然相对艰苦，身心健康状况堪忧，学习深造和培训机会偏少，知识结构待优化，教学基本知识和能力待提高等。加强农村教师队伍的建设，不能孤立地就教师队伍谈教师队伍建设，而是要与整个教育体系，包括教育管理、学校制度变革等学校改进的因素联系起来，用科学合理的体制机制来引导和保障教育育人的本质，维护和培育教师的职业尊严，保障农村教师享受到教育生活的幸福，追求心中的教育理想。

热点分析报告客观反映了2020年北京市中小学教师线上教学的情况、挑战，提出重视教师政治素质的培养、提升教师专业素养等对策。

**关键词：** 教师队伍建设　农村中小学教师　教师专业发展　北京市

# Abstract

The "opinions on comprehensively deepening the reform of teachers' team construction in the new era " issued by the CPC Central Committee and the State Council points out that teachers " are the first resource for educational development and an important cornerstone for national prosperity, national rejuvenation and people's happiness" . It is the most powerful support for the reform and development of China's education to build a high-quality, professional and innovative teaching team.

This book is divided into three parts: general report, special reports and hot spot analysis report.

The general report focuses on all levels and types of teachers in Beijing. This paper discusses the development of the teaching staff in Beijing as a whole, that is, the overall scale of teachers at all levels is increasing, the structure is further optimized, and the professional quality is further improved. However, there are still some outstanding problems in scale, structure, professional quality, salary and management system and mechanism. It is proposed that Beijing should comprehensively deepen the reform of the construction of teachers in the new era, revitalize teacher education, expand the source of teachers through multiple channels, comprehensively improve the quality of teachers, improve the system of teachers' professional development, deepen the comprehensive reform of teachers' management system, promote the modernization of Teachers' education governance system and governance ability, and build high-quality, professional and innovative teachers' team, so as to make the capital's education modern Huahe and the construction of the "four centers" in the capital provide strong talent and intellectual support.

The special reports focuses on the teaching staff of rural primary and secondary schools in Beijing. From the perspective of the construction of rural teachers in

Beijing, Beijing promoted the structural optimization of rural teachers through the policies of urban teachers supporting rural education and teacher flow, improved the overall quality of rural teachers through various teacher training programs, and improved the overall quality of rural teachers through performance pay, title evaluation reform and excellence evaluation In order to stimulate the enthusiasm of rural teachers and promote the development of rural teachers, measures such as preferential evaluation and post living subsidies for rural teachers are taken. However, there are still many problems to be solved in the construction of rural teachers in Beijing. At present, the overall quality gap between urban and rural teachers is still large, and the rural teachers are still faced with some outstanding problems, such as the overall quality is not high, the structure is not reasonable, the professional attraction is not strong, the supplement channel is not smooth, and the allocation of high-quality resources is insufficient, which restricts the healthy and sustainable development of rural basic education. Rural teachers, especially the rural teachers whose economy is relatively weak in the outer suburbs, still have relatively hard working and living environment, worrying about their physical and mental health, lack of opportunities for further study and training, knowledge structure to be optimized, and basic teaching knowledge and ability to be improved. To strengthen the construction of rural teachers' team, we should not talk about the construction of teachers' team in isolation, but should be connected with the whole education system, including education management, school system reform and other school improvement factors. We should use scientific and reasonable system and mechanism to guide and guarantee the essence of Education and education, maintain and cultivate teachers' professional dignity, and ensure that rural teachers enjoy education Live happiness, pursue the educational ideal in the heart.

The hot spot analysis report objectively reflects the situation and challenges of online teaching of primary and secondary school teachers in Beijing in 2020, and puts forward countermeasures such as paying attention to the cultivation of teachers' political quality and improving teachers' professional quality.

**Keywords**: Construction of Teaching Staff; Rural Primary and Secondary School Teachers; Teacher Professional Development; Beijing

# 目 录

## Ⅰ 总报告

B.1 北京市教师队伍发展报告 …………………………… 郝保伟 / 001
    一 北京市教师队伍发展现状 ………………………………… / 002
    二 北京市教师队伍建设存在的突出问题 …………………… / 015
    三 北京市教师队伍建设的对策建议 ………………………… / 018

## Ⅱ 专题报告

B.2 北京市农村中小学教师队伍建设研究报告
    ………………………… 鱼 霞 郝保伟 周 惠 宋洪鹏 / 022
B.3 北京市农村中小学教师队伍师德研究报告 ………… 王 婷 / 072
B.4 北京市农村中小学教师专业发展研究报告 ………… 李一飞 / 084
B.5 北京市农村中小学教师工作生活状况调查报告 ……… 赖德信 / 109

## Ⅲ 热点分析报告

**B.6** 北京市中小学教师队伍应对新冠肺炎疫情做法、挑战与对策
………………………… 北京教育科学研究院教师研究中心课题组 / 144

# CONTENTS

## I General Report

**B**.1 Teacher Development Report in Beijing *HaoBaowei* / 001

    1. The Status Quo of the Development of Teachers in Beijing / 002

    2. Prominent Problems Existing in the Construction of Teachers in Beijing / 015

    3. Countermeasures and Suggestions for the Construction of Teachers in Beijing / 018

## II Special Reports

**B**.2 Research Report on the Construction of Rural Primary and Secondary School Teachers in Beijing
*Yu Xia, HaoBaowei, Zhou Hui and Song Hongpeng* / 022

**B**.3 Research Report on Teachers' Morality in Rural Primary and Secondary Schools in Beijing *Wang Ting* / 072

003

北京教师发展蓝皮书

**B**.4　Research Report on Professional Development of Rural Primary and Secondary School teachers in Beijing　　　　　　　*Li Yifei* / 084

**B**.5　Report on Working and Living Conditions of Rural Primary and Secondary School Teachers in Beijing　　　　　　　*Lai Dexin* / 109

## Ⅲ　Hot Spot Analysis Report

**B**.6　Primary and Secondary School Teachers' Response, Challenges and Solutions to COVID-19 Epidemic in Beijing

*Research Group of Center for the Study of Teachers,*

*Beijing Academy of Educational Sciences* / 144

# 总 报 告

## General Report

## B.1 北京市教师队伍发展报告

郝保伟*

**摘　要：** "十三五"时期，北京各级各类教师队伍建设成就显著，教师规模、思想政治素质和师德水平、专业能力、管理体制机制等方面都得到了进一步优化、提升，但仍存在一系列矛盾和突出问题。面向"十四五"，北京市应以建设高素质专业化创新型教师队伍为目标，进一步提升教师队伍现代化水平。为此，应振兴教师教育，多渠道扩充师资来源；进一步提升教师思想政治素质和师德水平；进一步提升教师的专业水平、创新意识和创新能力；深化教师管理制度综合改革，推进教师队伍治理体系和治理能力现代化；进一步提升教师社会地位，提高教师待遇，增强教师职业吸引力。

---

\* 郝保伟，博士，北京教育科学研究院教师研究中心副研究员。

关键词： 教师队伍　教师队伍建设　教师专业发展　北京市

"十三五"时期，北京各级各类教师队伍建设成效显著，无论是规模还是师资配置、思想政治素质和师德水平、专业能力以及管理体制机制等方面都得到了进一步优化与提升，但仍存在一系列矛盾和突出问题。在2020年"十三五"规划即将收官之际，分析2019~2020学年北京市教师队伍建设的情况，对于进一步加强教师队伍建设有着重要的意义。

## 一　北京市教师队伍发展状况

2019~2020学年，北京市各级各类教师队伍数量在增加，结构进一步优化，专业素质进一步提升，教师管理体制机制改革全面深化，教师队伍治理体系和治理能力现代化水平进一步提升。

### （一）教师队伍的人口学特征

1. 规模

各级各类教师队伍数量增加了一成。2019~2020学年，北京市共有各级各类教职工394425人，其中专任教师248239人。教职工总量比2015~2016学年增加了25849人，增幅为10.19%；专任教师增加了20470人，增幅为11.62%。[1]

（1）学前教育：专任教师41187人，与2015~2016学年相比增加了21.00%，增幅较高（见图1-1）。

（2）义务教育：专任教师79703人，与2015~2016学年相比增加了11.44%。其中，小学专任教师55758人，增幅为11.40%；初中专任教师

---

[1] 本文所有数据均来自北京市教育委员会发展规划处编制的2015~2016学年度至2019~2020学年度《北京市教育事业统计资料》。

23945 人，增幅为 11.52%（见图 1-2）。

（3）高中教育：普通高中有专任教师 47326 人，与 2015~2016 学年相比增加了 12.90%（见图 1-3）。

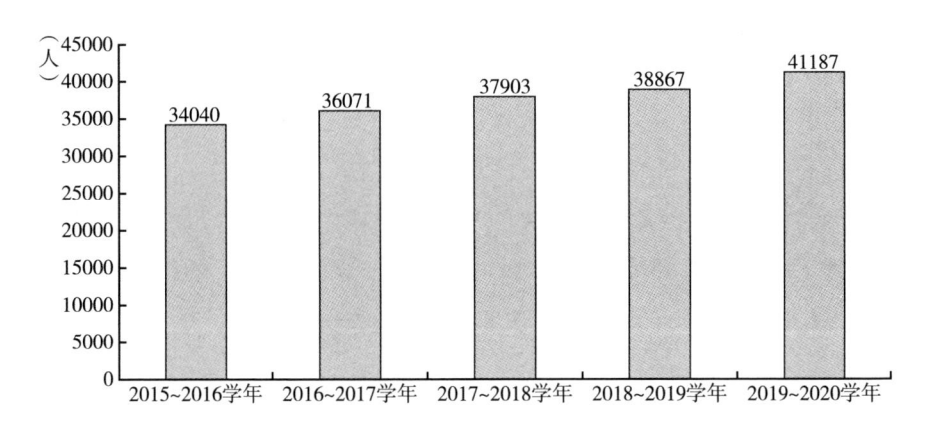

**图 1-1　2015~2016 学年至 2019~2020 学年北京市学前教育专任教师数**

资料来源：北京市教育委员会发展规划处编 2015~2016 学年度至 2019~2020 学年度《北京市教育事业统计资料》。

**图 1-2　2015~2016 学年至 2019~2020 学年北京市义务教育专任教师数**

资料来源：北京市教育委员会发展规划处编 2015~2016 学年度至 2019~2020 学年度《北京市教育事业统计资料》。

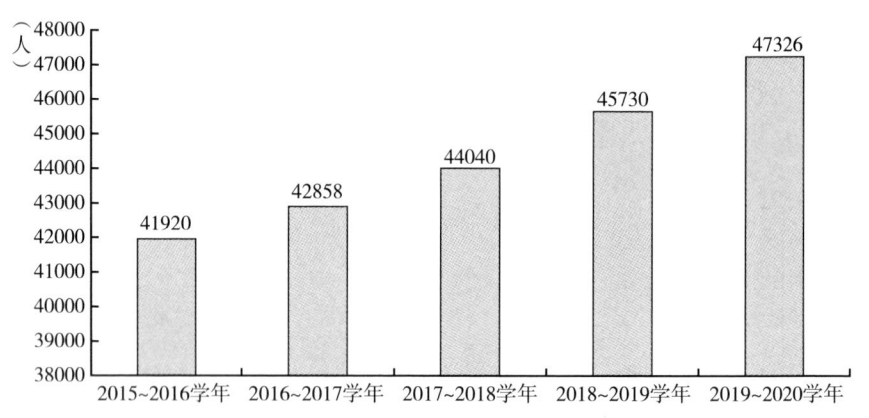

图1-3　2015~2016学年至2019~2020学年北京市普通高中专任教师数

资料来源：北京市教育委员会发展规划处编2015~2016学年度至2019~2020学年度《北京市教育事业统计资料》。

（4）特殊教育：专任教师993人，"十三五"期间总量稳定，略有起伏（见图1-4）。

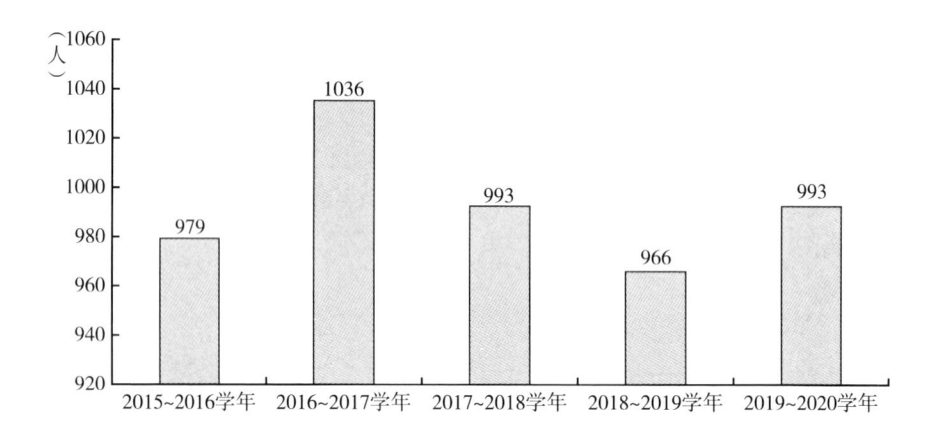

图1-4　2015~2016学年至2019~2020学年北京市特殊教育专任教师数

资料来源：北京市教育委员会发展规划处编2015~2016学年度至2019~2020学年度《北京市教育事业统计资料》。

（5）中等职业教育：专任教师7630人，与2015~2016学年相比减少了14.02%（见图1-5）。

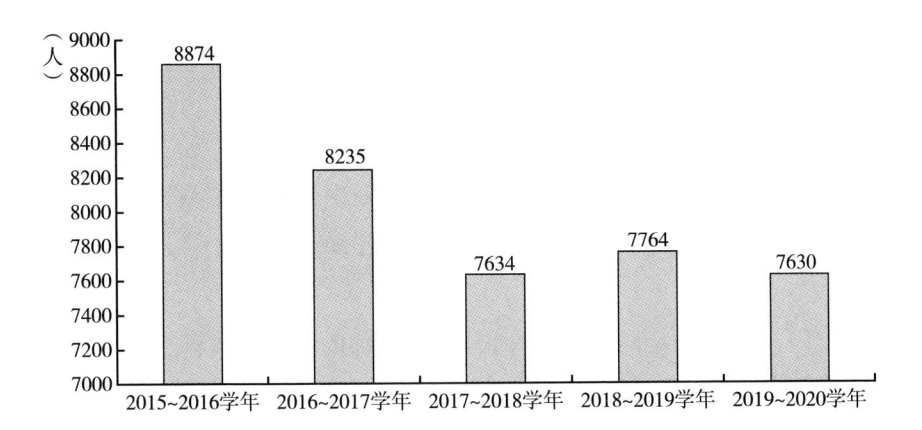

**图 1-5　2015~2016 学年至 2019~2020 学年北京市中等职业教育专任教师数**

资料来源：北京市教育委员会发展规划处编 2015~2016 学年度至 2019~2020 学年度《北京市教育事业统计资料》。

（6）市属普通高校（公办）：有专任教师 19580 人，与 2015~2016 学年相比增加了 5.23%（见图 1-6）。

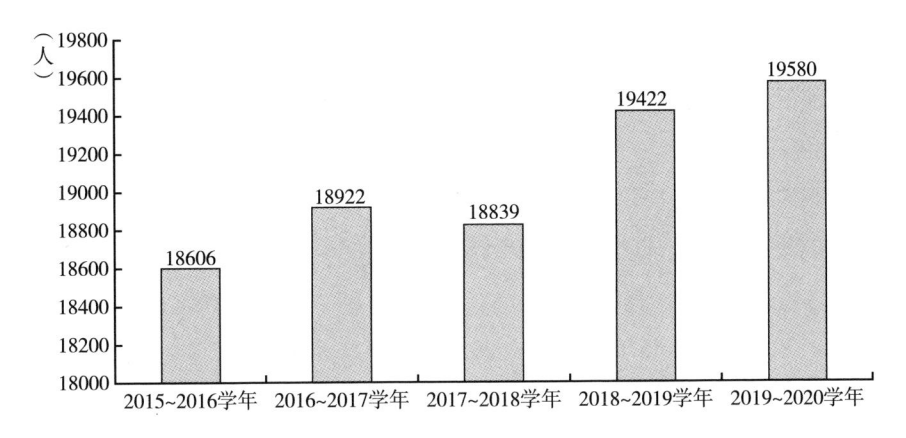

**图 1-6　2015~2016 学年至 2019~2020 学年北京市市属高校（公办）专任教师数**

资料来源：北京市教育委员会发展规划处编 2015~2016 学年度至 2019~2020 学年度《北京市教育事业统计资料》。

2. 性别情况

总体而言，基础教育（包括学前教育、义务教育、高中教育、特殊教

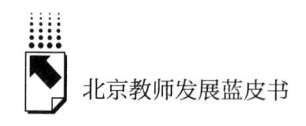

育、中等职业教育）专任教师以女性教师为主，占比为78.86%。义务教育专任教师中，女性教师占80.13%。

3. 年龄情况

2019～2020学年北京市基础教育专任教师中，年龄在44岁及以下的，普通中学占66.65%，小学占72.86%，中职占56.54%。

4. 学历情况

如图1-7所示，北京市基础教育专任教师的学历以本科为主，占比为71.92%。普通高中专任教师中有研究生学历（包括硕博）者不到三成，占32.42%。普通初中的这一比例为21.96%，小学为9.46%。

义务教育专任教师仍以本科学历者为主体（81.99%），研究生学历的占13.82%。本科、研究生学历合计占95.81%，已经超过了《北京市"十三五"时期教育改革和发展规划（2016—2020年)》"义务教育专任教师中本科及以上学历人员比例超过95%"的目标。

与2015～2016学年相比，2019～2020学年基础教育专任教师中，拥有硕士及以上学历的占比在增高。其中，普通高中所占比例增加了8.9个百分点，中职增加了3个百分点，普通初中增加了7.83个百分点，小学增加了4.54个百分点。

5. 职称（职务）情况

基础教育专任教师的职称以中级和初级为主，二者共占63.82%。拥有高级职称者占15.67%（其中拥有正高级职称者174人，占0.10%；拥有副高级职称者27701人，占15.57%），比2015～2016学年（10.55%）增加了5.12个百分点。基础教育专任教师中未定职级的占20.51%。

义务教育专任教师中，拥有高级职称者占15.16%（其中正高级占0.03%，副高级占15.13%），拥有中级职称和初级职称者占74.76%。

市属普通高校（公办）专任教师中，拥有高级职称者占52.04%，拥有中级职称者占40.73%。而基础教育专任教师中高级职称者仅占15.67%，远低于市属普通高校（见图1-8）。

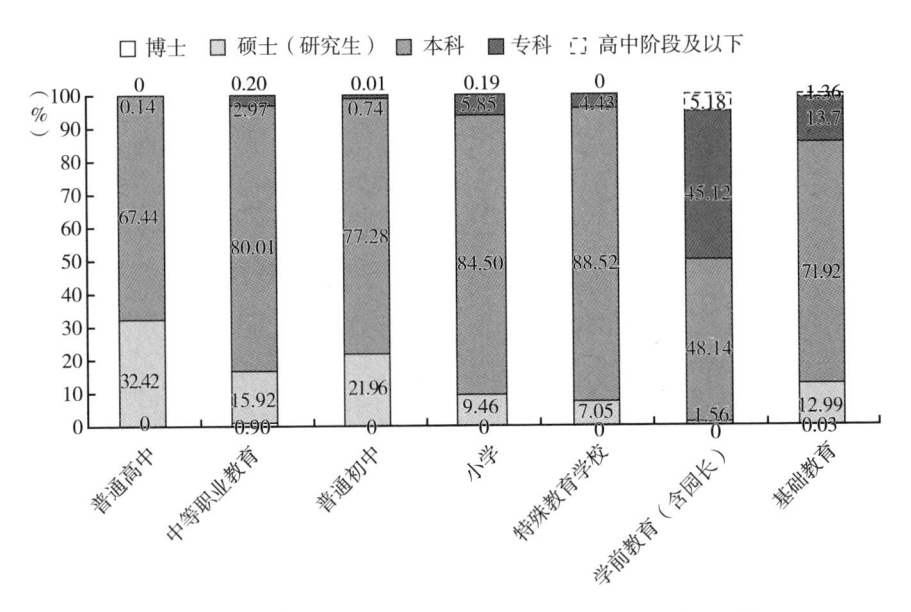

图1-7 2019~2020学年北京市基础教育专任教师学历结构

资料来源：北京市教育委员会发展规划处编《北京市教育事业统计资料（2019—2020学年度）》。

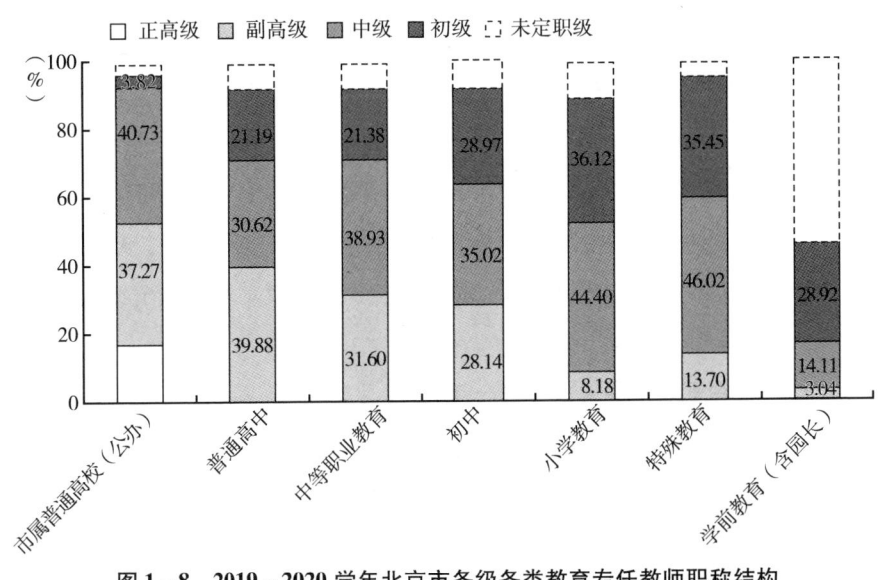

图1-8 2019~2020学年北京市各级各类教育专任教师职称结构

资料来源：北京市教育委员会发展规划处编《北京市教育事业统计资料（2019—2020学年度）》。

## （二）教师队伍发展状况

随着北京市全面深化新时代教师队伍建设改革，教师管理制度更加完善。各项强师举措落地生效，各级各类教师队伍质量建设取得显著成效，教师队伍素质进一步提升。

1. 扩大师范生来源，师资配置水平居全国前列

（1）多措并举，师范生培养提质增量。2016年9月，北京市教委、市编办、市人力社保局、市财政局联合印发《北京市关于加强和改进师范生培养与管理的意见》（京教人〔2016〕22号），以加强和改进师范生的培养与管理，推进师范生培养内涵式发展，全面提高师范生培养质量，建立健全师范生管理机制，培养高素质专业化教师队伍。2018年1月，北京市发布实施《北京市拓展中小学教师来源的行动计划（2018—2022年）》（京教人〔2018〕2号），多种方式扩大师范生的培养规模，加大义务教育阶段学校本科层次教师培养力度。2019年3月，北京市又发布《北京市教师教育振兴行动计划实施办法（2018—2022年）》（京教人〔2019〕5号），提出全面实施师范生公费教育政策，扩大公费师范生范围，提高教育硕士奖助力度和补助标准，多种途径吸引优质生源，招收乐教适教善教的优秀学生就读师范专业。

（2）教师配置水平居全国前列。北京市中小学的实际生师比低于国家和北京市规定的标准，也低于全国整体的实际水平。自"十二五"时期以来，北京市持续为农村中小学招聘音体美等学科教师，教师队伍结构进一步优化。

2. 思想政治素质和师德水平进一步提升

（1）构建大中小幼一体化的师德建设体系。北京市出台了新时代各级各类教师职业行为规范、师德负面清单和师德考核办法。2019年颁发了《关于印发〈新时代北京高校教师职业行为十项准则〉〈北京高校教师师德考核办法〉〈关于北京高校教师师德失范行为处理的指导意见〉的通知》（京教工〔2019〕33号）、《关于印发〈新时代北京市中小学教师职

业行为十项准则〉〈北京市中小学教师师德考核办法〉〈北京市中小学教师违反职业道德行为处理办法〉的通知》（京教工〔2019〕34号）和《关于印发〈新时代北京市幼儿园教师职业行为十项准则〉〈北京市幼儿园教师师德考核办法〉〈北京市幼儿园教师违反职业道德行为处理办法〉的通知》（京教工〔2019〕35号）三组文件，构建了大中小幼一体化的师德建设体系，有标准、有考核、有奖惩，形成了北京师德师风建设的闭环管理制度体系，健全了师德建设长效机制，推动了师德建设常态化、长效化。

（2）思想政治素质和师德水平进一步提升。2018年是师德建设年，北京市组织全体教师开展了"做新时代'四有'好老师和'四个引路人'"学习实践活动。2019年确定为师德考核年，北京市进一步完善师德规范、健全师德考核、强化结果使用，真正打通政策落实的最后一公里。

2020年新冠肺炎疫情期间，北京市中小学教师坚决贯彻"停课不停学""不让一个孩子掉队"的要求，在硬件、软件、资源等各方面条件不足的情况下，坚持线下教学，指导孩子线上上课、居家学习，指导家庭教育、亲子沟通，指导学生科学防疫、调适心态、居家锻炼身体等。

3. 教师队伍整体素质显著增强

（1）建强做优教师教育，提高师范生培养质量。北京市师范生的招生、培养，经历了从免费到公费的变化，逐渐制度化；提高师范生生源质量；改革师范专业录取方式，统一提前批次录取；鼓励设立面试考核环节，考察学生的综合素养和从教潜质；全面实施师范生公费教育政策，扩大公费师范生范围，招收乐教适教善教的优秀学生就读师范专业。

（2）教师专业化水平提升。北京市各级各类教师队伍，尤其是基础教育教师的整体水平位居全国前列。无论是在教育理念、师德素养、专业知识、专业能力，还是国际化、信息化素养方面，都走在全国前列。素质教育扎实推进，培养出的学生视野开阔、思维灵活、综合素养高，这都得益于北京广大教师较高的专业素养。基础教育专任教师中高级职称比例逐年提升，专业发展空间逐步拓展。职业教育教师中"双师型"的比例逐年增高。中

等职业教育教师中，2019年专任教师和专业教师中"双师型"比例分别为32.77%、58.37%。2019年高职教育专任教师"双师型"的比例为74.85%。

（3）幼儿园园长、教师的素质进一步提高。2018年初，市政府做出了"对全市幼儿园园长、教师进行全覆盖培训，提升幼儿园管理水平、教育教学能力和师德师风修养"的决策部署，并将其列为2018年北京市政府重要民生实事项目。项目由首都师范大学牵头，整合相关高校、研究机构、培训机构和优质幼儿园的研究和培训资源，聚焦幼儿园干部教师的管理能力、教育教学能力和师德师风修养等方面，着力提升幼儿园干部教师管理、保教和师德水平，促进全市学前教育的健康发展。培训对象包括在职在岗的幼儿园园长、专任教师和保育员，以及幼儿园保健医、厨师、保安、保洁员等。培训课程包括师德、教育教学、教育管理等内容。在培训方式上采取线上线下相结合的混合培训模式，专门开发了适用于计算机（PC）端与手机端同时使用的在线学习网络平台。2018年11月，全市3000余名幼儿园园长、9万多名教职员工完成了30学时（面授8学时、网络学习22学时）的学习任务，全员培训取得了丰硕的成果，达到了预期的目标。

（4）加大了基础教育高层次领军人才培养力度。北京市中小学名师发展工程、北京市中小学名校长（名园长）发展工程是落实《北京市教育中长期改革和发展规划纲要（2010—2020年）》和《首都人才发展中长期规划纲要（2010—2020年）》的重要举措，目的是培养一批有思想、善于改革创新、办学实绩突出、有影响力、对首都基础教育具有引领力的名教师、名校长和名园长。发展工程肇始于"十二五"时期，重心在"十三五"时期。"十三五"时期，北京市共完成了5批（350名学员）名师发展工程、3批（107名学员）名校长发展工程的培养工作，学员素养显著提升，研修成果丰硕，影响力进一步提升。[①] 实施了3期共50人左右的"北京市中小学特

---

① 北京教育科学研究院教师研究中心编《2019年北京市中小学名师名校长（名团长）发展工程监控评价报告》。

级教师研修工作室"项目。培养对象为特级教师，主要目标是使学员深入理解学校教育与学科教学的本质，总结和提炼自身的教育思想与教学风格，形成理论自觉意识，获得作为特级教师的可持续发展能力，为成为北京市名师和名教育家奠定基础。

（5）职业院校教师素质显著提升。2017年9月，北京市教工委、市教委印发《北京市职业院校教师素质提升计划（2017—2020年）》（京教人〔2017〕40号），实施教师素质提升计划，该计划包括教师培训和教师队伍建设两部分内容。

4. 农村教师队伍素质全面提升

为落实《国务院办公厅关于印发乡村教师支持计划（2015—2020年）的通知》（国办发〔2015〕43号），北京市多措并举，全面加强乡村教师队伍建设。乡村教师队伍的素质明显提升、结构得到优化、激励措施更加完善。形成了一支下得去、留得住、教得好的乡村教师队伍。

（1）实施乡村教师支持计划，全面规划，助力乡村教师队伍建设。2016年1月，北京市人民政府办公厅印发《北京市乡村教师支持计划（2015—2020年）实施办法》（京政办发〔2016〕8号），明确提出要全面提高乡村教师思想政治素质和师德水平，合理优化乡村教师队伍结构，大力提升乡村教师能力素质，积极完善乡村教师激励机制。

（2）实施乡村教师特岗计划，定向培养乡村教师。北京市拓展乡村教师补充渠道，定向培养乡村教师，为乡村学校补充紧缺学科教师。2016年5月，北京市教育委员会、北京市人力资源和社会保障局印发《北京市乡村教师特岗计划（2016年—2020年）》（京教人〔2016〕12号），为10个远郊区以及海淀、朝阳、丰台3个区的乡村中小学校补充音乐、体育、美术、思想品德、生物、地理、历史等紧缺学科教师，帮助全市乡村学校改善教师结构性短缺问题。计划每年面向境内外招聘300人左右的新教师。

（3）创新乡村教师编制管理，乡村中小学教职工编制按照城市标准统一核定，其中村小学、教学点编制按照生师比和班师比相结合的方式核定。实行城乡中小学教职工编制区域统筹和动态管理，盘活师资存量，提高师资

使用效率。杜绝"吃空饷""有编不补""挤占教师编制""长期借调借用教师"等现象。

（4）实施"乡村教师素质提升计划"，全面提升乡村教师素质。2016年5月，北京市教育委员会印发《北京市乡村教师素质提升计划》（京教人〔2016〕13号），启动北京市乡村教师素质提升计划，培养方式包括跟岗研修、送教下乡、网络研修、校本研修、学历提升等。支持义务教育乡村教师赴城区优质资源学校参加跟岗脱产培训，把乡村教师培训纳入基本公共服务体系，按照高于普通教师20%的标准上浮乡村教师培训经费保障水平。

（5）提高乡村教师岗位生活补助。为落实乡村教师支持办法，2016年北京市印发《北京市乡村教师岗位生活补助发放办法》（京教人〔2016〕10号）、《北京市乡村教师岗位生活补助发放办法的补充办法》（京教人〔2016〕23号），为乡村教师发放补贴，完善教师管理办法。2016年9月至2017年底，北京市累计发放乡村教师岗位生活补助10.6亿元，惠及775所中小学校及幼儿园3.4万名教职工，享受补助人数占12个区教职工人数的21%，人均补助额度达到2.3万元/年，极大地提升了乡村教师的幸福感。根据所有乡村和山区镇区中小学校到北京城市中心的直线距离，补贴标准为每人每月1400~4000元。同时，区级和校级也分别制定了差别化补助标准，调控校际和校内的平衡。

（6）提高乡村教师思想政治素质，锤炼高尚师德。坚持把师德师风作为评价教师队伍素质的第一标准，把政治素质过硬作为师德师风建设的核心。建立健全教育、宣传、考核、监督与奖惩相结合的师德建设长效机制。开展多种形式的师德教育，把教师职业理想、职业道德、法治教育融入职前培养、准入、职后培训和管理的全过程。

## （三）教师管理制度综合改革进一步深化

### 1.创新编制管理，优化师资配置

统一城乡中小学教职工编制标准，多渠道增加教职工编制。统筹区域事业单位编制资源，盘活事业编制存量，优化编制结构，向教师队伍倾斜。加大内部挖潜和购买服务力度,创新编制"周转池"制度,实行跨区域(领域、行业)调剂。统筹分配各校教职工编制数,实行学区内、教育集团内(跨学段)统筹配置,每年动态调整。对社会力量提供的临时性、辅助性或者替代性工作岗位,加大政府购买服务力度。全面清理中小学校在编不在岗人员,严禁挤占挪用中小学教职工编制。

2. 优化中小学教师资格考试改革,严把教师入口关

2015年下半年开始启动中小学教师资格考试改革试点工作,遵照国家教师资格考试标准,改进考试内容,强化教师职业道德、心理素养、教育教学能力和专业发展潜质。改革考试形式,加强考试管理,完善考核评价制度,引导教师教育改革,逐步形成"国标、省考"的教师准入制度。通过中小学教师资格考试改革试点,完善并严格实施教师职业准入制度,严把教师职业入口关,努力吸引优秀人才从教,不断提升教师队伍整体素质。

3. 完善公开招聘制度

由区级教育行政部门按照公开招聘的政策规定,制定符合教育教学规律、教师职业特点和岗位适应性的招聘方案并组织实施,严格执行教师准入制度,重点考察思想政治素质、职业道德、职业精神、专业素养和从教潜能等方面的内容。鼓励和支持各区探索以学区(教育集团)为单位,根据岗位设置的需要和实际需求统筹招聘教师。鼓励和支持各区积极完善公开招聘考试办法,遴选出热爱教育事业、真正适合从教的人才进入教师队伍。建立完善招聘优秀人才到学校任教的"绿色通道"。

4. 稳步推进中小学职称制度改革

2016年,北京市全面启动中小学教师职称制度改革,将原来相互独立的中学、小学教师职称系列统一设置为中小学教师职称系列,在中小学(幼儿园)新设高级(正高级)教师职称。新的职称等级统一设置为正高级、副高级、中级、助理级和员级,对应的职称名称依次为正高级教师、高级教师、一级教师、二级教师和三级教师,分别与事业单位专业技术岗位等级相对应。调整了职称申报条件和评价标准,将民办教师、编外教师纳入评价范围,并在评聘环节严格执行职称结构比例管理和岗位设置方案。

中小学教师职称制度改革平稳推进，历年高级（正高级）教师的评选受到媒体和大众的广泛关注。截至2019年，北京市共评选出了5批合计338名高级（正高级）教师，分别为2013年18人、2016年68人、2017年71人、2018年73人、2019年108人。[①]

5. 加强交流轮岗，实施"区管校聘"管理改革

2015年6月，北京市东城区入选教育部首批义务教育教师队伍"县管校聘"管理改革示范区名单，启动改革。2016年6月，市教委颁发《〈关于进一步推进义务教育学校校长教师交流轮岗的指导意见〉的通知》（京教人〔2016〕15号），提出加强义务教育学校校长教师交流轮岗以缩小区域、城乡、校际教育发展差距，以促进义务教育优质均衡发展为目标，还对交流对象、交流方式、政策举措、工作要求等提出了明确要求。要求各区制定交流轮岗工作实施方案，区域内城镇学校和优质学校校长教师每学年到农村学校、一般学校交流轮岗的比例应不低于符合交流条件教师总数的10%，其中骨干教师交流轮岗应不低于交流总数的20%。

2019年12月，市教委、市编办、市人社局、市财政局联合颁发《关于推进中小学教师"区管校聘"管理改革的指导意见》（京教人〔2019〕17号），实施对象为区级教育行政部门所属公办中小学校在编在岗教职工，通过创新编制管理方式，改进岗位管理办法，完善公开招聘制度，完善岗位聘用制度，完善校长教师交流轮岗制度，完善教师管理制度，逐步建立教师退出机制等内容，进一步深化体制机制改革，完善教师治理体系，提高教师治理水平。

6. 全面推行中小学校长职级制改革

2019年底，北京市在全市中小学、幼儿园全面推行校长职级制度改革，将全市在职在岗的正职校长（园长）、党组织书记（3700余人）全部纳入职级序列，评选出首批特级校长93人、高级校长近900人。校长职级制的

---

[①] 根据2013~2019年历届北京市中小学高级（正高级）教师评审通过人员公示名单汇总整理。

实施，在北京市中小学校长（园长）队伍建设中具有里程碑式的意义，是北京市深入贯彻落实党的十九届四中全会精神，贯彻落实全国和北京市教育大会精神，推进教育治理体系和治理能力现代化的一个重要举措。校长职级制的确立，明确了中小学校长专业发展的方向和路径，进一步完善了中小学校长专业发展制度，是一项综合性、高站位的制度创新，为后续完善中小学校长管理制度提供了良好的制度环境。

7. 深化教师绩效工资改革，教师工资稳步提高

2019 年，北京市实施了新一轮教师绩效工资改革，中小学教师的工资待遇进一步提升，全市各区中小学教师的工资已经超过了本区公务员的工资水平。

8. 逐步建立教师退出机制

规定教师年度考核不合格的，学校可以降低岗位等级或调整岗位聘用。对于不服从组织安排或者安排到新岗位后年度考核仍不合格的，学校可按规定程序解除聘用合同。教师资格定期注册不合格或逾期不注册的人员，不得再从事教学工作岗位。

## 二 北京市教师队伍建设存在的突出问题

北京市各级各类教师队伍在规模、结构、专业素质、工资待遇、管理体制机制等方面依然存在一些突出问题，这与北京市教育事业改革发展、首都"四个中心"建设的需求不相适应。

### （一）新教师需求压力大，供给不足

受二孩政策、人口流动等多重因素叠加的影响，近几年学龄人口激增，学位需求压力大，导致学前教师、中小学教师数量不足，同时，由于短期内新教师培养、供给不足，师资缺口较大。尤其是学前教育师资匮乏问题最为严重，编制外教师占比较高。特别是具备学前教育专业背景的专任教师短缺，地区间师资水平差异显著。师资需求的压力已然传递到小学阶段，即将

传递到初中、高中阶段。郊区特殊教育学校教师老龄化严重，新教师补充乏力。职业院校、特殊教育学校教师缺乏稳定、专业化的来源渠道，供需失衡。

## （二）师德建设仍存在薄弱环节

教师的思想政治素质仍需进一步全面提升，理想信念需要进一步强化，教师党支部的战斗堡垒作用还不够凸显，党员干部教师的先锋模范作用需要进一步发挥。北京市幼儿园、中小学、大学教师的职业准则、考核办法、处理意见已经出台，标志着北京市师德师风建设长效机制已经建立健全，但在具体落实方面仍需进一步细化和完善。

## （三）专业素质有待进一步提升

学前教育教师专业化素质偏低，培训的数量不足，培训质量有待提高。中小学教师队伍素质仍需全面提升，信息化、国际化素养不高，且群体之间发展不平衡，信息技术与教育教学的深度融合远未实现，面向未来、适应改革的专业素质有待提升。高层次有影响力的人才仍然稀缺，急需集中资源、搭建平台，培养一批高层次有影响力的教育人才。优质教师资源分布不均衡。

高校教师教学专业化水平有待提升，教学专业化没有得到应有的重视。对青年教师的专业化发展重视不够，团队建设与专业化发展不足。新教师多数没有经过师范专业训练，教学基本功较弱。

职业院校教师教学能力、专业化水平参差不齐，缺乏生产管理服务一线实践经验和能力，不利于学生实践操作技能的学习和提升。现代化培训体系尚未建立，培训质量有待提高。培训基地类型单一，培训的规范性、专业性不强，缺乏专业的培训机构、培训标准、培训课程和职业化的培训师资队伍。职业院校教师兼职比例偏低，兼职教师队伍建设缺乏制度性支持与保障；"双师型"教师比例低。

特殊教育教师专业化程度有待提升，师资队伍整体质量有待优化。特殊教育专业毕业的教师所占比例较少，学历整体不高，且各区分布很不均衡。在评估、康复、特殊教育训练等方面的专业知识和技能亟待提升。

### （四）教育治理体系和治理能力现代化仍需进一步提升

幼儿园教师编制严重不足。在公办性质幼儿园中，除了教育部门办园，其他类型幼儿园均普遍缺编，绝大部分教师是社会招聘的编外人员。部分区县冻结了学前教育教师的编制，只补充编外教师。职称结构与中小学教师相比差异大，幼儿园教师在职称的数量和等级方面与中小学相差较大。薪酬待遇低于中小学教师，在编与非在编教师工资差异大，存在同工不同酬现象。学前教育教师社会地位不高，工作压力大，部分教师的职业认同感不强。

中小学教师超编与结构性缺编并存。按照国家和北京市的编制标准计算，总量都超编。同时，各区学校普遍存在人手紧张的现象，部分学科紧缺科任教师，如科学、音乐、体育、美术等，存在主课教师兼任副科教学、半路出家转岗、教非所学等现象。中小学教师高级职称比例低，职称晋升困难，尤其是晋升高级职称竞争异常激烈，影响教师专业发展与工作积极性。教师人事制度亟须综合改革。

中小学教师承担的非教育教学工作繁重，占用大量时间和精力，工作压力较大。而教师的社会地位、经济地位不高，薪酬待遇不具备竞争力，教师职业缺乏吸引力，尊师重教的氛围远未形成，无法吸引优秀人才从教。2018年，北京教育行业平均工资在全市19个行业中排第六位。

高校高层次人才队伍依然紧缺。部分高校人才计划存在一定程度的无规律性，也存在一定程度的盲目跟风现象。高层次人才和普通教师利益冲突尖锐，影响了教师队伍整体效能的发挥。高层次人才引进和管理办法还欠科学，引育矛盾比较突出。缺乏针对所要引进人才的专业性考察机制。忽略了对引进人才学术修养、道德品质的考察，导致对部分引进的人才考察不够全面。高校教师职称评审向分类方向发展，但评审标准、评聘政策有待完善。激励机制有待进一步完善，针对管理人员的激励机制缺失。针对管理人员的专业化建设以及相应的管理与发展激励机制尚未建立。

特殊教育教师准入制度有待建立。职称评定、骨干队伍建设方面参照普通教育，与特殊教育教学情况和需求不太相适应。按照普通学校体系管理，与实际教育教学需求差距较大。结构性缺编突出，从业人员结构有待优化。区级特教中心多数没有专职人员编制。实际需求强烈的多类专业人员缺少配备标准。普通学校特殊教育资源教师严重不足，专职化程度较低，流动性大，不够稳定。特殊教育教师岗位缺乏职业吸引力，福利待遇有待改善。

## 三 北京市教师队伍建设的对策建议

新时代北京市教师队伍建设要依据中共北京市委、北京市人民政府《关于全面深化新时代教师队伍建设改革的实施意见》《首都教育现代化2035》战略要求，全面深化教师队伍建设改革，振兴教师教育，多渠道拓展新教师来源，全面提升教师队伍现代化素质，建设高素质专业化创新型教师队伍，完善教师专业发展支持体系，深化教师管理制度综合改革，推进教育治理体系和治理能力现代化，为首都教育现代化和首都"四个中心"建设提供坚强的人才和智力支撑。

### （一）全面提升教师的思想政治素质和师德水平

全面加强教师党支部和党员队伍建设。进一步健全教师党支部建设，把党的政治建设摆在教师队伍建设的首位，充分发挥党支部教育管理监督党员和宣传引导凝聚师生的战斗堡垒作用，充分发挥党员教师的先锋模范作用。强化教师党支部书记队伍建设，选优配强教师党支部书记，建立教师党支部书记定期培训、轮训制度。全面提升教师思想政治素质。加强理想信念教育，深入学习贯彻习近平新时代中国特色社会主义思想，树立"四个意识"，坚定"四个自信"，做到"两个维护"，带头践行社会主义核心价值观，注重把思想政治工作落实到学校管理、教学和科研活动中。

全面加强师德建设，弘扬高尚师德。坚持把师德建设放在教师队伍建设首位，健全大中小幼一体化的师德建设体系，推动师德建设常态化、长效化。加强教师职业理想、职业道德、法治和心理健康教育。完善落实新时代教师职业行为规范，创新师德教育和宣传方式，树立师德典型，讲好师德故事，努力营造全社会尊师重教氛围。引导广大教师坚持"四个相统一"，争做"四有好老师""四个引路人"。建立健全师德考核评价和监督体系，完善师德考核办法，完善师德考核负面清单制度。

### （二）全面振兴教师教育

深化改革创新，多渠道拓展中小学教师来源。建立健全以师范院校为主体、非师范院校参与的开放灵活的教师培养体系，通过多种方式扩大教师培养规模，提升培养层次，优化培养结构，提高培养质量，加大学前教育教师和中小学体育、美育、劳动教育等紧缺学科教师的培养和配备力度。强化师范生实践环节，建立标准化的教育实践制度。加强师范生培养院校的师资建设和学科建设，进一步完善教师教育课程标准。建立健全师范生公费教育制度，吸引优秀人才从教。建立健全教育行政部门、师范生培养院校（师范专业）、教师专业发展机构、优质中小学和幼儿园四位一体的教师教育协同机制，形成集培养、培训、研究和服务于一体的具有北京特色的教师教育工作新模式。完善市、区、校三级教师专业发展支持体系，加快各级教师专业发展机构建设，全面提升教师专业发展服务能力。扩大特殊教育专业师范生培养规模，多渠道增加特殊教育专业教师供给，配足配齐特教学校教师。

### （三）建设高素质专业化创新型教师队伍

全面提升干部教师队伍素质，提高教师专业化水平、育人能力、创新能力、教研科研能力。进一步提升教师的国际化、信息化素养，增强适应未来改革发展、人工智能、线上教学等新技术发展的能力，促进信息技术与教育教学的深度融合。提高与线上教学相适应的观念认识、课程（内容）整合、教书育人、家校沟通（家庭教育）、信息技术等方面的能力和素养。

加强中小学、幼儿园校级领导梯队建设，加强校级领导干部人才储备。加快推进高校辅导员队伍专业化建设，进一步提高市属高校教师的教育教学能力，加大高等学校高层次人才引进与培养的力度，提高管理的科学性。加快"双师型"教师队伍建设，进一步提高"双师型"教师比例。进一步加大教育领域高层次人才培养力度和规模，继续实施"北京市中小学名师、名校长（园长）、教育家培养工程"，探索总结名师、名校长（园长）、名教育家的成长、培养规律。完善制度，促进高校青年教师的专业发展。加大对高层次人才引进支持力度，充分发挥高层次人才创新创业支持计划、高精尖创新中心及卓越青年科学家等项目优势，支持组建高水平高校人才队伍。增强对首都名师、名校长（园长）、名教育家的宣传和支持力度，助其总结经验、凝练思想，讲好首都教育故事，引领首都教育发展。加强教研队伍建设，严格教研员准入制度，建立专兼结合的教研队伍，促进教研员专业发展。

依据教育事业改革发展需求，科学规划各级各类教师的继续教育目标、内容和途径。加强市级统筹力度，整合、完善三级培训体系，建立学分银行制度，提高教师继续教育的选择权。完善全员培训和分类、分层、分岗培训体系，加强对入职人员的岗前培训，切实提高培训的针对性和实效性。进一步推进灵活、开放、自主、高效的继续教育制度。完善特教学校教师和普通学校特殊教育专业教师分类、分层与分岗相结合的培训体系。将一定比例的特殊教育和融合教育内容列入中小学（幼儿园）校长（园长）和全体教师继续教育。建立职业教育师资培养培训基地，提高职业教育教师的专业化水平。

## （四）推进教师队伍治理体系和治理能力现代化

深化教师管理制度综合改革，推进教师队伍治理体系和治理能力现代化。建立与集团化办学、学区制管理等办学体制改革、现代化教育治理体系相适应，人权事权财权相统一的教师管理制度。提高管理效能，强化激励与保障功能，提高北京市教师队伍建设和教育事业发展的保障水平。创新编制管理，坚持补充与挖潜相结合，完善编制"周转池"管理制度，优先向基础教育学校配置编制。建立更加灵活实用的教师准入制度。建立符合教育规律、教师职业特征的教师招聘制度，提高教育部门、学校在选人、用人方面的权限。在普通学校设置特殊教育专业教师岗位。探索建立特殊教育专业教师资格认证制度。建立巡回指导教师和普通学校专职资源教师持证上岗机制。建立健全高校教师分类评价、分类发展的制度体系。

扩大"区管校聘"管理改革制度，推进校长教师交流轮岗。完善中小学校长职级制改革，畅通校长专业发展路径。优化教师职称结构，提高高级职称比例，保障教师专业发展通道。完善职称（职务）评聘、骨干教师评选向一线教师、班主任、乡村学校倾斜政策。继续实施、完善乡村教师岗位生活补助制度。统筹考虑高校青年教师的生活、住房、职称等问题，促进教师乐教、安教。

## （五）进一步提升教师的社会地位和经济待遇

建立有吸引力和竞争力的教师薪酬制度，吸引优秀人才从事教育事业。进一步提高教师工资待遇，确保教师平均工资高于当地公务员平均工资水平。优化绩效工资结构和发放办法，进一步完善绩效工资和绩效分配制度，向一线教师、关键岗位、实际绩效突出者倾斜，强化激励功能。建立健全中小学教师工资正常增长机制，完善中小学教师工资与公务员工资同步调整联动机制。多渠道、多方式解决公办幼儿园非在编教师工资待遇偏低问题，逐步实现同工同酬；引导和支持民办幼儿园提高教师工资待遇。完善特殊教育学校（院）教职工、教育康复相关人员、巡回指导教师、资源教师、特殊教育教师岗位津贴制度。建立健全教育人才生活需求调查制度，以养老保险、医疗和住房等保障为重点，优化教育人才生活环境。将符合条件的教师纳入住房保障范围，落实建设乡村教师周转宿舍和为乡村教师租赁周转房政策。帮助乡村教师解决工作和生活困难，持续实施乡村教师岗位生活补助政策。继续做好"北京市人民教师奖"和北京市优秀教师、先进工作者表彰工作，加大对优秀教师的表彰和宣传力度。显著提高教师的政治地位、社会地位、职业地位。

# 专题报告

Special Reports

# B.2
# 北京市农村中小学教师队伍建设研究报告

鱼霞 郝保伟 周惠 宋洪鹏*

**摘　要：** 农村教师队伍建设是促进农村教育发展、推进城乡教育均衡的重要举措。近年来，北京市加大农村教师队伍建设的力度，取得了很大进展。但是，北京市农村教师队伍建设还存在"虚超编"与结构性缺编并存、新教师供给缺乏稳定的渠道、教师高级职称比例低、教师队伍不稳定、教师专业起点低、培训体制机制有待完善、评职评优困难、工资水平偏低、职业倦怠感严重、工作岗位特征造成就医困难等问题。为此，应加强宣传，树立典型，全面提高农村教师

---

\* 鱼霞，博士，北京教育科学研究院教师研究中心主任，研究员；郝保伟，博士，北京教育科学研究院教师研究中心副研究员；周惠，博士，北京教育科学研究院教师研究中心助理研究员；宋洪鹏，博士，北京教育科学研究院教师研究中心助理研究员。

师德水平；建立农村中小学教师人力资源信息管理制度，科学制定农村教师队伍发展规划；建立农村教师长效补充机制，为农村学校提供优质教师；全面提升农村教师队伍整体素质，促进教师专业发展；突破体制机制障碍，促进农村教师队伍质量提升。

**关键词：** 农村教师　农村教育　农村中小学　北京

## 一　北京市农村教师队伍建设基本情况

要全面建成小康社会，农村是重点和难点所在，农村教育更是重中之重。在社会结构发生历史性巨变的背景下，农村空壳化现象越来越突出，农村学校的发展和师资配置都面临严峻的挑战，这就需要前瞻性、系统性和灵活性的顶层设计，进一步改革教育体制和机制来应对挑战。正是在这样的大背景下，国家出台了《乡村教师支持计划（2015—2020年）》。为了落实该计划，进一步加强北京市农村中小学教师队伍建设，为北京市教师队伍建设提出有针对性的建议，北京市农村中小学教师队伍研究课题组开展了农村中小学教师队伍建设专题研究。

本报告采用文献法、问卷法、访谈法、座谈法、实地考察法等相结合的研究方法，既有对顺义、平谷、密云、怀柔、延庆、昌平、通州、房山、门头沟、大兴等10个郊区的实地调研，[①] 又有教师队伍建设的数据分析，以确保研究结果的翔实性和可靠性。

本报告中北京市农村中小学教师队伍基本情况主要是对北京市10个

---

① 课题组对教育行政管理者、校长和教师三个层面共140人进行了座谈；对校长和教师两个层面共80人进行了深度访谈。课题组还实地走访了10个区20所农村学校，拍摄和收集了大量反映教师生活和工作条件的照片及资料。

郊区教师队伍的规模、结构、质量及变动等宏观数据进行的考察。① 考察结果按照三个维度进行分析，分别是：北京市农村中小学校基本情况，北京市农村中小学教师队伍的数量情况，北京市农村中小学教师队伍的质量情况。

### （一）农村中小学校基本情况

从全国范围来看，农村教育可谓基础教育的"大头"。数据显示，2018年，我国基础教育阶段城市学校数量为47617所，② 而农村学校的数量则高达179913所，占基础教育学校总数的79.07%（见表2-1）。分学段来看，小学、初中、高中农村学校比重依次降低，显示了我国农村教育主要以九年义务教育为主的现实。

表2-1 2018年全国普通中小学校城乡分布情况

单位：所，%

|  | 小学 |  | 初中 |  | 高中 |  | 合计 |  |
|---|---|---|---|---|---|---|---|---|
|  | 数量 | 占比 | 数量 | 占比 | 数量 | 占比 | 数量 | 占比 |
| 农村 | 134000 | 82.81 | 39161 | 75.34 | 6752 | 49.15 | 179913 | 79.07 |
| 城市 | 27811 | 17.19 | 12821 | 24.66 | 6985 | 50.85 | 47617 | 20.93 |
| 合计 | 161811 | 100.00 | 51982 | 100.00 | 13737 | 100.00 | 227530 | 100.00 |

资料来源：中华人民共和国教育部发展规划司主编《中国教育统计年鉴2018》，中国统计出版社，2019。

与全国相比，地处东部经济发达地区的北京市农村中小学教育情况略有不同。为了对北京市农村中小学教育的基本情况进行更为全面的了解，

---

① 本部分使用的数据主要来源于五个渠道：(1)《中国教育统计年鉴》；(2)《北京市教育事业统计资料》；(3) 北京市教委发展规划处、人事处所提供的相关数据；(4) 本次调研各郊区所上交的相关数据表；(5) 在本次调研中，通过座谈、访谈所得的质性资料，以及课题组以问卷调查形式所回收的抽样数据。需要特别说明的是，本报告10个郊区的农村学校包含镇区以及镇区以下的乡村学校，统称为农村学校。
② 这里的城市学校包括城乡接合部的学校。

研究采取了宏观数据扫描、座谈与访谈、问卷调查以及实地考察等多种方式进行了解。以下对学校数量、规模以及学校标准化建设成效等几个方面进行分析。

1. 农村中小学校占全市中小学校总数的30.92%，郊区学校以农村学校为主

（1）从总体来看，北京市农村学校占全市学校总数的30.92%。与全国不同，地处东部经济发达地区的北京市农村学校数量所占比重较低，反而是城市学校占据了基础教育的大半。宏观数据显示，2018年，北京市共有普通中小学1614所，其中农村中小学校499所，占全市中小学校总数的30.92%。分学段来看，农村小学共有348所，占全市小学总数的35.88%；农村初中共有120所，占全市初中总数的35.82%；农村高中共有31所，占全市高中总数的10.03%（见表2-2）。不难看出，北京市农村学校虽然并不像全国一样占据了基础教育的大半，但与全国类似，农村学校以义务教育阶段为主，高中阶段学校数量相对较少。

表2-2 2018年北京市普通中小学校城乡分布情况

单位：所，%

| | 小学 | | 初中 | | 高中 | | 合计 | |
|---|---|---|---|---|---|---|---|---|
| | 数量 | 占比 | 数量 | 占比 | 数量 | 占比 | 数量 | 占比 |
| 农村 | 348 | 35.88 | 120 | 35.82 | 31 | 10.03 | 499 | 30.92 |
| 城市 | 622 | 64.12 | 215 | 64.18 | 278 | 89.97 | 1115 | 69.08 |
| 合计 | 970 | 100.00 | 335 | 100.00 | 309 | 100.00 | 1614 | 100.00 |

资料来源：中华人民共和国教育部发展规划司主编《中国教育统计年鉴2018》，人民教育出版社，2019。

（2）从农村学校分布来看，其主要分布在10个郊区。从调研了解到的情况来看，北京市的农村学校分布情况较为特殊。受城市化进程影响，目前北京市城区几乎没有农村学校存在。北京市目前下辖16个区，其中6个为城区，10个为郊区。在全市567所农村学校中，80%以上的学校位于此次调研的10个郊区。[①] 而在剩余的6个城区中，也仅有2个城区存在农村学

---

① 本部分数据来源于课题组调研数据。

校。

（3）从郊区学校结构分布看，农村学校数占郊区学校总数的2/3。在调研中笔者了解到，在北京市这10个郊区，每个区农村学校的数量都占据了该区学校数量的一半以上，总体来看，这10个郊区的农村学校数占到10个郊区学校总数的2/3。

2.受城市各区域功能定位影响，北京市各郊区农村学校规模不一

在农村学校占据了10个郊区学校数量过半比重的情况下，农村学生数量却并不一定占据了这些区的相当比重。并且在城镇化进程的影响下，10个区呈现出全然不同的生源聚集趋势。总体来看，受到北京市各区域功能定位的影响，各郊区农村学校的规模变动趋势并不一致。在那些定位为"为城市生态涵养服务"的区域，受到城市化人口聚集效应以及人口自然增长率降低的影响，农村学校的学生数量急剧减少、农村学校规模持续缩小的现象非常突出；而在那些北京市着力打造的未来城市发展新区，则普遍反映承受着生源急剧膨胀、学校规模急剧扩张的压力。

**案例2-1　即使只有两个孩子，这个学校也不能撤**

在HR区教委座谈会上，我们了解到该区的山区学生数明显减少，山区班额不足20人的现象非常普遍。某位与会者举例："目前按照市里的政策，山区学校是不允许撤的，山区如果有需求，就必须保持学校的存在。即使只有两个孩子，这个学校也不能撤。"

**案例2-2　有88名学生与有1230名学生，却都是小规模学校**

在对不同区山区校长的访谈中，研究人员发现了一个很有趣的现象。在不同的区，校长们对于学校规模大小的感知也不同。在对MTG区一所农村中心小学校长的访谈中，校长提及该校学生数为88人，是农村地区比较小的学校；而同样是山区学校，拥有一个中心校、两个完小，总共有1230名学生的TZ区一所农村中心小学，校长却认为该校也算是该区内规模比较小的学校。这种不同区学校校长对学校规模大小感知的不同，向我们揭示了北

京市不同区学生规模的差异。

3. 义务教育学校标准化建设成效显著，城乡学校硬件设施已基本均衡

为推动义务教育均衡发展，北京市各级政府通过义务教育学校标准化建设，对农村地区尤其是边远山区的学校硬件设施、校园环境建设投入了大量经费，进行了各种对农村校园的现代化改造，北京市农村义务教育学校的硬件设施建设取得了很大的进步。具体来说，包括以下几点。

（1）校园硬件条件发生根本性变化，校园环境优美。北京市农村学校基本完成了校舍改造更新和整体搬迁，新搬迁建造的学校通常还配有完整的室内外运动和教学场所，如室内综合运动馆、健身房、体质监测室、心理咨询室、图书室，室外乒乓球台、标准操场和塑胶跑道等。农村学校占地面积普遍较大，有的学校充分利用了校园空间，开辟了校园生态走廊、学生生活体验基地等，营造了优美的校园环境。改造后的学校办公条件得到了极大的改善，校园环境非常优美。

**案例2-3　我们的学校像花园**

在DX区的一所农村平原学校，一排排平房校舍整齐、干净；校舍前鲜花盛开，果树矗立；校园一角还有成才廊、水池、家禽舍、温室大棚以及学生生活体验基地等。正如学校的老师们所说："我们的学校像花园。"（见图2-1）

**案例2-4　像大学一样的农村中学校园**

在SY区一所农村中学，课题组一走进校园就感觉像是走入了大学校园。宽阔的道路，现代化的楼房，绿树成荫。好几层楼高的体育楼，一层用作学生食堂，二层、三层分别为篮球馆、舞蹈室等。

（2）教室硬件条件一流。北京市大部分农村学校教学楼，尤其是新建

图 2-1　北京市某农村中心小学校园外景

学校的教学条件得到了很大改善，在全国也名列前茅。学校配有实验室、多媒体教室、音乐教室、舞蹈室、书画教室、体测教室、图书室，教室配有标准的书桌（见图 2-2 至图 2-8）。一流的硬件条件极大地保障了教育教学的高效开展。

图 2-2　北京市某农村中学体育场全貌

图 2-3 北京市某农村中心小学乒乓球台

图 2-4 北京市某农村中心小学读书廊

图 2-5 北京市某农村中心小学图书室

图 2-6 北京市某农村中学实验室

图 2-7　北京市某农村中心小学教室课桌椅

图 2-8　北京市某农村学校健康体测室

（3）教师办公条件得到了很大的改善。农村学校教师办公室宽敞明亮，空调、采暖设备良好，教师办公的台式电脑、笔记本和网络配备齐全，无线网络实现了校园全覆盖（见图2-9）。

图2-9　北京市某农村中学教师办公室

（4）农村学校食堂条件良好。北京市农村学校大都配有学生和教师的专用食堂，并配有专门的厨师，食堂干净整洁（见图2-10）。

图2-10　北京市某农村中学教职工食堂

**案例2-5　8000万元改善校园硬件设施**

HR区某农村中学的校长谈道："政府投入了8000万元用于校园硬件设施改善。现在学校里图书馆、电子阅览室、师生活动室等各种活动场所很多，能够满足师生的需求。同时学校还有风雨操场、体育楼，楼内还有各种乒乓球、羽毛球等场馆。"

## （二）农村中小学教师队伍数量情况

从全国的整体情况来看，2018年，全国普通中小学校专任教师共有11543491人，其中，农村教师7324576人，占全国教师总数的63.45%；分学段来看，小学阶段农村教师占比为67.14%，初中为64.37%，高中为49.23%（见表2-3）。

表2-3　2018年全国普通中小学校专任教师城乡分布情况

单位：人，%

|  | 小学 | | 初中 | | 高中 | | 合计 | |
|---|---|---|---|---|---|---|---|---|
|  | 数量 | 占比 | 数量 | 占比 | 数量 | 占比 | 数量 | 占比 |
| 农村 | 4089830 | 67.14 | 2342470 | 64.37 | 892276 | 49.23 | 7324576 | 63.45 |
| 城市 | 2002078 | 32.86 | 1296529 | 35.63 | 920308 | 50.77 | 4218915 | 36.55 |
| 合计 | 6091908 | 100.00 | 3638999 | 100.00 | 1812584 | 100.00 | 11543491 | 100.00 |

资料来源：中华人民共和国教育部发展规划司主编《中国教育统计年鉴2018》，中国统计出版社，2019。

**1. 规模：农村教师占全市教师总数的15.68%，反映出农村学校规模总体偏小**

与全国普通中小学大部分是农村学校、大部分教师在农村的情况相比，北京市的城市学校占据了大半，城市教师也同样占据了大半。并且尽管农村学校占据了北京市学校总数的三成，但农村教师仅占北京市教师总数的两成，反映出北京市的农村学校规模偏小、校均教师较少的特点。当然这一特点从全国来看应该是普遍现象，只是北京市的数据更为凸显农村学校规模偏小的特点。数据显示，2018年北京市中小学教师队伍共有123429人，其中农村教师（不含幼儿园教师）19358人，占全市教师队伍的15.68%。分学段来看，农村小学教师11719人、初中教师6258人、高中教师1381人，分别占各自学段专任教师总数的17.52%、17.56%、6.61%（见表2-4）。

北京市农村学校规模较小的现实也反映在生师比数据与学生城乡分布数据中。从生师比数据来看，北京市城区中小学生师比为11.31，农村中小学生师比为8.82；而全国同期城市中小学生师比为15.54，农村中小学生师比为14.76，都高于北京市（见图2-11）。从图2-11还可以看出，小学、初中、高中阶段，北京市的生师比水平无论城市还是农村都低于全国平均水平。

表2-4 2018年北京市中小学校教师队伍中农村教师规模及所占比重

单位：人，%

|  | 小学 |  | 初中 |  | 高中 |  | 合计 |  |
|---|---|---|---|---|---|---|---|---|
|  | 数量 | 占比 | 数量 | 占比 | 数量 | 占比 | 数量 | 占比 |
| 农村 | 11719 | 17.52 | 6258 | 17.56 | 1381 | 6.61 | 19358 | 15.68 |
| 城市 | 55175 | 82.48 | 29385 | 82.44 | 19511 | 93.39 | 104071 | 84.32 |
| 合计 | 66894 | 100.00 | 35643 | 100.00 | 20892 | 100.00 | 123429 | 100.00 |

资料来源：中华人民共和国教育部发展规划司主编《中国教育统计年鉴2018》，中国统计出版社，2019。

从学生分布数据来看，尽管北京市有三成学校在农村，但农村学生数不足两成，仅有12.67%的学生在农村地区接受教育（见图2-12）。

2. 结构：编制紧张与结构性缺编并存

从数量结构来看，全国农村教师队伍都存在编制紧张、结构性缺编等问题，北京市的情况也大致如此。

（1）编制数紧张。在调研中课题组了解到，从教师队伍规模及结构情况来看，北京市一半的郊区存在超编现象。10个郊区中，大部分区在岗教

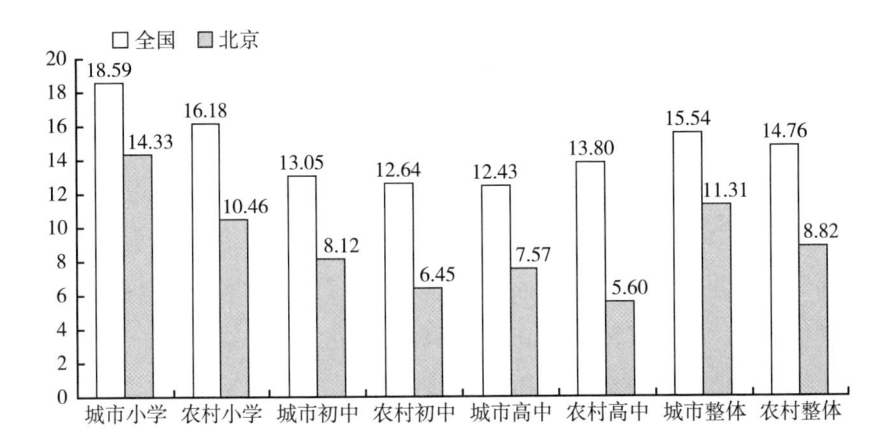

**图 2-11　2018 年全国、北京市各学段城乡生师比情况**

资料来源：中华人民共和国教育部发展规划司主编《中国教育统计年鉴 2018》，中国统计出版社，2019。

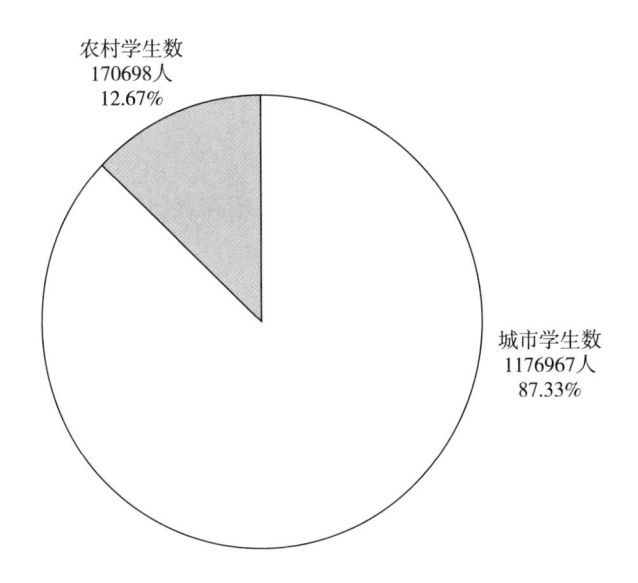

**图 2-12　2018 年北京市中小学生城乡分布情况**

资料来源：中华人民共和国教育部发展规划司主编《中国教育统计年鉴 2018》，中国统计出版社，2019。

师数量已经超过或接近编制标准所核定的编制数量，仅有一个区编制数还有较大剩余。这意味着从总量来看，许多郊区已经存在略微超编或编制数量紧

张的现象。

(2) 结构性缺编。通过调研发现,北京市农村学校尽管存在超编,但结构性缺编仍然存在。在座谈与访谈中,许多区教育部门负责人或校长都谈及学校非常缺教师。这种结构性缺编与前些年的结构性缺编有相同点也有不同点,2007年课题组曾对北京市农村学校进行调研,当时的发现是音、体、美教师短缺的问题非常严重。而在此次调研中课题组发现,尽管前些年困扰农村学校的音、体、美教师短缺问题已经通过北京市市级专项三年行动计划得到一定程度缓解,但新的结构性缺编又开始出现,部分学科如历史、地理、生物、物理、化学等教师又开始出现短缺。

(3) 数量需求:教师招聘难,郊区新教师招聘需求缺口大。调研发现,北京市郊区教师总体招聘需求缺口大;个别郊区新教师招聘缺口达五成;从城乡差别来看,城乡教师招聘缺口差异不明显。

10个郊区中有9个郊区教师实际招聘数低于计划招聘数,并且大部分区城乡教师招聘缺口并不存在明显差异。仅有2个区存在较为明显的城乡招聘差异。

单从农村学校招聘教师的难度来看,除不存在招聘缺口的2个区,北京市大部分区招聘缺口在一成至两成之间,个别区实际招聘教师数则仅为计划招聘教师数的55.56%、56.67%,缺口接近五成。[①] 教师招聘难已经成为北京市基础教育发展的一个难题。

(4) 年龄结构:教师队伍年轻化,郊区四成教师年龄在35岁以下。在调研中课题组了解到,北京市部分郊区农村教师队伍存在的另外一个结构特征是年轻教师较多。北京市郊区农村学校35岁以下年轻教师比重高达40.50%,给北京市的农村教师队伍建设带来了诸多挑战。

### 案例2-6 一半教师都在30岁以下

在HR区某农村小学,校长提到,在2002年合乡并镇建校后,原有的

---

[①] 数据来源于本次调研中各区上交的数据表。

主力教师陆续退休，学校近年来新进教师数量较大，这就造成学校内教师年龄结构的新特点——年轻教师多。全校教师平均年龄34岁，30岁以下教师数量占学校教师总数的50%以上，这就带来了巨大的培训压力。目前该小学专门由区教委人事科组织教师脱产培训，以满足教学需要。

### （三）农村中小学教师队伍质量情况

1. 学历水平差距微小

从学历水平来看，2018年，北京市中小学教师具有本科及以上学历的比重已经达到95.92%，远高于全国的73.83%。[①] 而即使是在北京市的农村地区，本科以上学历教师所占比重也达到93.37%，只比北京市城区（96.40%）低3.03个百分点（见图2-13）。分学段来看，小学、初中、高中各学段具有本科及以上学历的教师比重依次上升。值得注意的一点是，北京市存在农村高中教师本科学历所占比重略高于城市高中教师本科学历所占比重的现象。

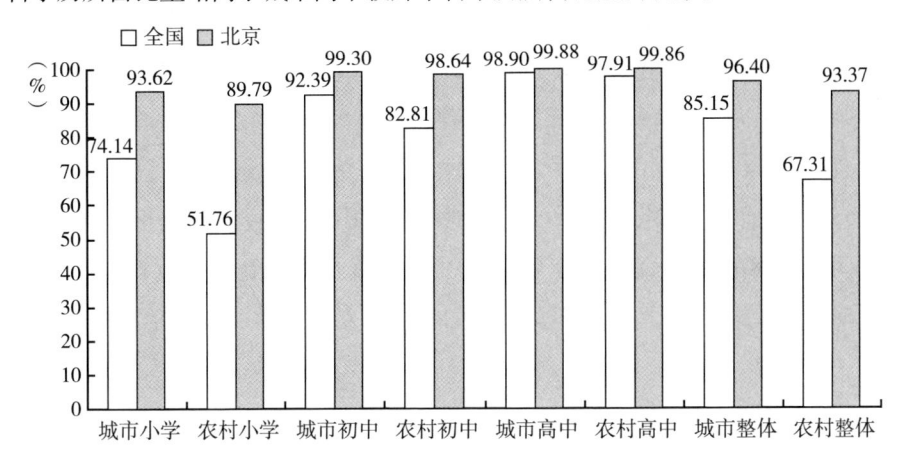

**图2-13　2018年全国与北京市分学段、分城乡专任教师本科及以上学历比重**

资料来源：中华人民共和国教育部发展规划司主编《中国教育统计年鉴2018》，中国统计出版社，2019。

---

① 中华人民共和国教育部发展规划司主编《中国教育统计年鉴2018》，中国统计出版社，2019。

与此同时，从座谈、访谈情况来看，大部分区教师学历已经达标，但区教委工作人员及学校校长等均表示，目前教师虽然学历达标，却主要以进修学历为主。而调研所获得的数据也显示目前郊区农村教师初始学历在本科以上的比重仅为42.08%，并且进修学历的专业往往与自己所教授的学科不一致，为了学历而进修、学非所教的问题非常突出，郊区学非所教教师比重达33.94%，① 所以学历质量并不高。

2. 农村新教师以本地、非师范生源为主

从北京市新教师的来源及其质量来看，目前郊区招聘的新教师存在三个显著特点：一是以非师范生源为主，二是以本地生源为主，三是高质量新教师多为外地生源。

（1）非师范生源。在调研中笔者了解到，北京市郊区目前招聘的新教师以非师范生源为主。由调研数据可知，10个郊区招聘新教师中非师范生源的比重达63.36%，其中农村学校非师范生源新教师比重为71.17%，② 并且具有两个显著特点。

第一，新教师非师范生源所占比重较高。10个郊区中，除1个郊区新招聘教师非师范生源在5%以下外，其余9个郊区新教师中非师范生源的比重均在20%以上，其中5个郊区所招聘的新教师有一半以上是非师范生源。

第二，与全区相比，农村学校招聘非师范生源新教师的情况更为普遍。10个郊区中有7个郊区农村中小学招聘新教师中非师范生源比重高于全区。并且除2个郊区外，其余8个郊区农村新教师非师范生源比重均在50%以上。而个别郊区无论是全区还是农村的学校，新教师中非师范生源的比重甚至都在90%以上。③

（2）本地生源。除非师范生源比重较高外，北京市的新教师来源还存在一个较为明显的特征，就是郊区新教师招聘以本地生源为主。且重点大学生源非常少，农村学校招聘新教师中本地生源比重略低于各区整体。

---

① 数据来源于调研中的问卷数据。
② 数据来源于本次调研中各区上交的数据表。
③ 数据来源于本次调研中各区上交的数据表。

从调研情况来看，郊区招聘新教师中本地生源比重为64.71%；郊区农村新教师中本地生源比重略低，为62.93%。所有郊区新教师中本地生源比重均在1/3以上，并有4个郊区新教师中本地生源比重均过半。从农村学校的情况来看，大部分本地生源比重低于各郊区整体。有7个郊区全区新教师中本地生源教师比重高于农村地区新教师中本地生源教师比重。

（3）从高质量新教师来源来看，目前新教师中高学历生源大部分是外地生源，且大多在农村学校任教。

据调查，北京市本地优质生源愿意从事教师职业的较少，这在一定程度上影响了北京市新教师的质量；但受益于北京市农村中小学音体美等学科教师的引进政策，近年来郊区招聘了许多高学历的新教师，这也造成高质量的新教师大都来自外地的现实。为了提升教师队伍的质量，北京市教育部门也希望能够多引进高质量的外地生源，但由于北京市目前落户政策的限制，存在年龄、学历、指标限制等多种关卡，政策难题较难得到突破。

#### 案例2-7 外地生源招聘难

在CP区教委管理者的座谈会上，一位教育部门工作人员表示，由于北京市控制人口，招聘外地生源教师非常难，在学历、年龄上都卡得很紧。虽然每年都组织校长到省外高校招聘优质生源，但这些学生来了之后也常常留不住。

3. 教师队伍不稳定，优秀骨干教师流失严重

在调研中，课题组了解到的另外一个情况是各区农村学校教师队伍不稳定，优秀骨干教师流失严重。这种流失主要表现为农村学校教师流动到本区城区学校，但近年来农村学校教师流动到外区学校的情况也不容忽视，并且农村学校所流失的教师往往是优秀的骨干教师。

在调研中课题组了解到，在10个郊区中，仅有2个郊区农村教师流动到城区的比例低于城区内教师流动比例，其余8个区农村教师流动到城区的比例均高于城区内教师的正常流动比例。许多区教委工作人员在访谈中表示，目前农村教师希望流动到本区城区的愿望非常强烈，许多区迫不得已设

置了各种关卡,用政策将这些教师"锁"在既定的农村学校岗位上,希望将这些教师留在农村;而这又带来了一些非人性化的道德难题,如教师确实与家人两地分居、教师有子女需要照顾等特殊情况,往往让教育部门的这种政策陷入不人性化的境地。

与农村教师流动到本区城区相比,流动到外区的教师比例稍低,但也不容忽视。许多郊区教委工作人员在座谈中表示,现在农村学校培养出来的成熟教师,往往刚干出成绩就被6个市区挖走了,这造成了这些郊区农村学校教师尤其是优秀教师的比重始终无法与城区保持均等。

### 案例2-8 市区挖走了我们不少教师

在CP区教委工作人员座谈会上,有工作人员指出该区"教师流动频繁,经常往市里流动"。这位工作人员还指出,郊区教师待遇与市里有差别,专业发展平台也小,留不住优秀人才。这两年已经有大约20名教师流动到市区。

近年来10个郊区中8个区都有教师以辞职到其他行业就职而流失。调研数据显示,几年里一个区的农村教师辞职40人,是该区城区辞职教师数(21人)的近2倍;而在另一个区,教师辞职的情况更为严重:几年里城区教师辞职46人,农村教师辞职数也高达33人。

4. 农村学校骨干教师分布密度远低于城区学校

从骨干教师分布来看,农村学校骨干教师的数量及密度分布远低于城区学校。除极少数的2个郊区外,各郊区农村每100名教师中各级骨干教师的人数都低于城区各级骨干教师的人数;并且与市级各类骨干称号相比,区级骨干层面对农村教师的倾斜力度更大。

7个郊区无论是区级骨干、学科带头人,还是市级骨干、学科带头人、特级教师,其中的农村教师比重都低于各郊区整体农村教师所占比重。[①] 这意味着农村教师中各种骨干教师、学科带头人、特级教师的比重都明显

---

① 有一个区数据缺失。

低于城市区域。以TZ区为例，该区农村教师占全区教师的65.36%，然而区级骨干、学科带头人中仅有39.11%是农村教师，市级骨干、学科带头人、特级教师中更是仅有24.05%来自农村学校。从整体来看，各郊区农村学校各类骨干教师数量及分布密度远低于城区，可以说，农村教育的发展仍然掣肘于教师人力资本这块短板。

此外，市级骨干教师层面农村教师比重往往更低，目前北京市有8个郊区市级骨干教师中农村教师所占比重均低于区级骨干中农村教师所占比重，这说明区级层面对农村教师评骨干称号的倾斜力度更大一些。

5. 农村教师队伍高级职称比重低

农村教师队伍一个长期存在的问题是高级职称教师所占比重总是低于城市。数据显示，2018年全国基础教育阶段城市学校高级职称教师所占比重为15.67%，而这一比重在农村为11.56%，低了4.11个百分点。

北京市也同样存在这些问题。2018年，北京市城市高级职称教师所占比重为18.91%，农村为12.23%，差距为6.68个百分点，与全国整体的差距水平（4.11个百分点）相比还要高一些。

整体来看，北京市城乡学校高级职称教师的比重都高于全国。分学段来看，除农村高中外，北京市各学段城乡高级职称教师比重均高于全国（见图2-14）。

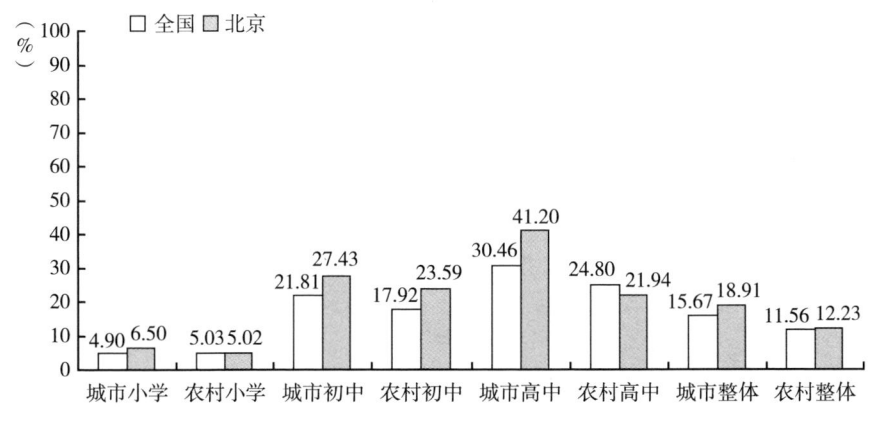

图2-14 2018年全国、北京市各学段城乡专任教师高级职称比重

## 二 北京市农村中小学教师队伍存在的问题及原因分析

北京市中小学农村教师队伍建设仍存在一些问题和困难，主要体现在规模、人员补充、队伍发展水平、面临的实际工作生活困难等方面。

### （一）农村教师队伍规模方面存在的问题与原因分析

农村教师存在的主要问题是总量超编、结构性缺编、新教师补充困难，其主要原因是编制标准低、撤并村小导致教师超员、农村生源锐减导致学校规模缩小、新教师供给不足、农村学校缺乏吸引力。

1. "虚超编"与结构性缺编问题突出，教师紧缺，成为农村教师队伍发展的瓶颈

（1）"虚超编"问题主要有四个方面原因。

第一，编制标准低、编制紧是农村教师"虚超编"和结构性缺编的主要原因。北京市中小学现在执行的依然是市编办和市教委于2000年5月联合印发的《北京市全日制中学、小学、职业高中学校校内机构设置及教职工编制标准试行意见》（京编办发〔2000〕2号）规定的标准，该文件是依据当年的教育事业发展情况，按照适度偏紧的原则确定的，且原有编制中的机动编制早已被学校内部新增岗位占满。如今，现行编制标准尽管已与城市中小学编制标准统一，但仍与农村中小学教师实际需求不相符，甚至成为教师队伍建设的障碍，因此，亟须针对农村教育现状，提高编制标准，改革编制管理。

第二，城镇化进程加快，农村人口和生源流向城区和城区学校，导致农村学校生源锐减，学校规模越来越小，班额普遍较小。以现行编制标准和班额进行核定编制，必然造成"虚超编"。

第三，六前的撤点并校，建立寄宿制学校政策，导致乡镇中心校教师数量超编，多年来尚未能完全消化、分流超编教师。

第四，在编不在岗现象占用部分编制。一些老教师由于年龄大、健康状况差、知识结构老化等因素不适应新课程改革的要求，无法胜任教学任务，只能转到后勤岗，但是他们仍占有专任教师岗位的编制，这也是农村专任教师比例虚高却结构性缺编的原因之一。

**案例 2-9　宿管教师配备过紧，无法开展工作**

某山区民族学校校长表示，主课教师兼任小学科教学，影响教学质量、教师专业发展。宿管教师的配备过紧，100 个学生以内只配备 2 个编制，没有考虑男女学生分别管理、宿管教师轮流倒班的需要。

**案例 2-10　宿管教师配备没考虑性别需求**

某农村中学校长说，宿管教师，每 50 个住宿学生给 1 个编制，但未考虑男女分开住宿需要分开管理、轮流倒班。应该配 4 个编制，两男两女。

编制标准低，管理僵化，对农村教师队伍建设的影响是全方位的。第一，导致总量超编，无法补充新教师，现有教师队伍老龄化，年龄结构不合理，不利于师资队伍建设，影响教师群体的工作士气。第二，诱致结构性缺编，许多学科教师无法得到补充，长期紧缺。第三，在岗教师身兼数职，教多门课、教多个年级，工作量大，工作压力大，身心俱疲。第四，一个萝卜一个坑，甚至一个萝卜几个坑，工学矛盾突出，教师无暇参加继续教育，不利于专业成长。第五，超编情况下，很多在岗教师会担心下岗、被分流、转岗培训，无法安心工作。第六，聘用代课教师，以解决燃眉之急，如大兴区、昌平区、通州区、房山区的个别学校。近年来，编制问题多为教育行政管理人员、校长、教师诟病。

**案例 2-11　编制标准低，影响较大**

编制标准偏低，难以满足实际工作需要，教师年龄结构不合理问题显现。现在管理和教学工作标准越来越高，人员配备需求不断增加，加之农村学校大多规模较小,按现行统一编制标准核定的编制不能满足实际工作需要,普遍存在超编缺教师现象,中小学教师年龄结构趋于老化,部分学校教师梯队出现断层,补充受限,教师培训、休产假、交流受到较大影响和制约,教师只能出不能进。

### 案例2-12 一人请假,全校都要调课

某农村小学的教师提到,如果一个教师请假,全校的教学安排都会受到影响。同时,编制问题也导致工学矛盾尤为突出。教师如果外出培训,就需要用额外的时间将所缺的课程补上,这也使教师过度劳累。

### 案例2-13 教师招聘困境下的"特殊办法"

某镇中心小学校长谈道,学校招聘非常困难,由于编制限制,(区)教委给的招聘名额远远无法满足学校实际需求,为了满足教学需求,学校只好采取特殊办法,利用办公经费聘请教师。这些教师都具有本科学历,来源有三种:一是培训机构外派,二是原先当地村子里的民办教师,三是当地还未找到工作的大学毕业生。

(2)结构性缺编,尤其是学科结构性缺编现象普遍存在。教师结构性缺编是我国中小学尤其是农村中小学普遍存在的一个问题,多年来一直困扰着农村学校的校长,应该说这是一个老问题,是历史遗留、政策设计和现实发展之间的矛盾体现。主要原因是随着教育事业发展,新增课程越来越多,学校内部工作岗位增多,工作量与日俱增,而编制标准却固定不变,难以补充新教师。

第一,新课改增加了新课程和课时量,但并未相应增加教师编制数。如综合实践活动、研究性学习等一系列课程对教师素质都提出了新要求,增加了课时量,但是没有增加相应编制,而且由于这些新增学科的复杂性、综合性,难以招聘到合适的教师。

第二,农村寄宿制学校内部管理工作内容增多,增加了许多工作岗位。如宿舍管理人员,食堂需要厨师,教学仪器设备、网络需要管理人员,卫生

保健医生等，而编制标准和编制管理并未考虑这些岗位增员的需求。

第三，由于农村学校规模小、班额少、没有平行班，且不允许复式班教学，也必须配齐教师，这样就造成了教师结构性紧缺。

第四，招聘不到新教师，也是导致"结构性缺编"的主要原因之一。

### 案例 2-14　在编不在岗现象

某区各乡镇社教办占用编制。乡镇政府社教办长期使用 125 人（教师）。区委、区政府、区教委机关借用在编中小学教师 54 人，大病、停薪、回村任职等人员约 24 人。这些人员的人事关系在各中小学校，占用中小学教师编制。

某些学科缺乏专业教师，多由主课教师兼任教学，这样必然导致这些学科的教学质量难以保证，影响正常的教学秩序，影响到学校教育教学质量的提升和素质教育的深入推进，农村学生综合素质、学业质量无法保证，同时也增加了主课教师的工作量。

### 案例 2-15　中文系毕业生教化学，根本不敢做实验

在某区教育行政部门的实地座谈会中，有工作人员表示，当前农村中小学存在结构性缺编情况，甚至有一所学校化学课没有教师能教，只能让一名学中文的教师去教化学。

### 案例 2-16　某区部分学科教师缺口较大

近几年，尽管通过招聘优秀毕业生、引进高层次人才、加大培训力度等措施优化了教师队伍结构，但教师队伍结构性缺编问题仍比较突出，音乐、体育、美术、科学、通用技术等学科教师缺口较大。

### 案例 2-17　短缺学科教师没有来源

某区专任教师中语文、数学等学科教师相对比较多，而艺术类如音乐、

美术等学科教师比较缺乏，市教委也启动了音体美小学科教师补充行动计划，但是边远山区的学校没人报名。科学类如物理、化学、生物、地理等学科教师也满足不了学校的实际需求，各学校的校医更为紧缺。由于该区相对比较偏远，教师待遇比较低，短缺学科的人才没有留在农村、长期扎根农村学校的意愿。

### 案例 2-18　某区招聘不到音乐教师

农村中小学音美教师紧缺，主要依靠市教委的专项招聘，但每年都有不少岗位无人报考。

2. 新教师补充困难，供求缺口大，缺乏补充新教师的稳定渠道，影响教师队伍结构的优化

造成农村新教师补充困难的主要原因有三个方面。

一是"招不来"，缺乏吸引力。即使一些山区学校有了编制指标，仍然招不到新教师。尽管城乡学校硬件水平基本均衡，但受城乡客观环境、交通影响，农村中小学吸引不到大学毕业生前来任教。尤其是非本地户籍的大学毕业生，他们首选的学校是城区中小学、优质学校。

调研中我们发现，教师招聘难是共同存在的难题。

### 案例 2-19　教师招聘难

某镇中心小学校长在谈到学校教师队伍发展所存在的问题时，一直强调学校招聘教师难，用这位校长的话来说，学校"就是招聘不到"教师。

在某区教育行政部门工作人员座谈会上，一位工作人员更表示："很多本地的孩子都不愿意回来当老师。"

二是"招不到"，北京市域内新教师培养供给有限。三级（中师、专科、本科）师范教育体制向新三级（专科、本科、硕士）教师教育体制转轨过程中，所有区中等师范学校被撤销，新教师招生培养的规模大大缩减。

当前北京市设立师范专业、培养新教师的高校主要是首都师范大学及其初等教育学院和学前教育学院，以及北京联合大学师范学院、首都体育学院、北京科技大学延庆分校、北京师范大学。但这些学校的培养规模极其有限，毕业生尚不足以满足6个城区的需求，除委培、定向培养之外，这些师范毕业生基本上不会到远郊区任教，更谈不上去农村学校了。

三是"不能招"，超编制，进京指标少，没有招聘指标。由于农村中小学生源减少，很多学校进行了撤并，郊区的乡镇教育基本形成了"一所初中、一所中心小学"的格局，人口多一些的乡镇除中心小学之外，还有1~3所完全村小。这就造成大多数农村中小学编制总数超额，尽管存在结构性缺编，但仍然无法补充新教师。同时，进京指标严格限制，难以引进非京籍师范毕业生。

四是"摊不上"。补充新教师时，各区教育行政部门会优先满足高中需求，满足城区规模较大的中小学校，农村中小学教师的补充不在优先考虑之列。

**案例2-20　某远郊区教师补充困难，新教师资源匮乏**

该区长期以来存在教师招聘难的困境，山区教师补充尤为困难。小学近三年来基本没有补充师范专业的教师，来源都是北京高校的一些其他专业毕业生，例如机械工程、计算机工程等各种五花八门专业的毕业生。初高中教师招聘也是依靠外地生源指标补充一部分师资。近几年该区布局结构调整，没有大量新建中小学，教师从数量上基本能够满足学校需求，但随着新建校的增加，未来师资需求会出现大的缺口。

**案例2-21　某远郊区新教师补充远远不能满足需求**

该区每年批准补充师资50人，远远不能满足该区系统师资需求及使用。同时，该区在补充专业优秀师资类毕业生上存在很大难度，特别是初高中教师岗位，因对教师专业性要求都比较高，每年初高中的师资补充非常困难，有的岗位根本无人应聘。

不能按需招聘年轻教师，为教师队伍补充新鲜血液，其不良影响是深远的。一是造成教师队伍年龄结构、梯队不合理，老龄化现象严重；二是教师队伍暮气沉沉，缺乏生机与活力。

3. 农村中小学教师队伍不稳定，骨干教师流失严重

农村教师队伍不稳定，向城区学校自发流动压力大，相当一部分农村教师等着、盼着返回、调动到城区学校，而骨干教师流失更为严重。城乡之间在工作、生活、待遇等方面的差距，是农村教师不稳定的根本因素。当前，农村中小学教师大多数在城区置业买房，居住生活在城区、工作在农村。具体而言，导致农村教师队伍不稳定、骨干教师流失严重的主要因素有以下几个方面。

第一，农村地区物质文化生活条件相对落后、单调，生活有诸多不便。

第二，家在城区、工作在农村学校的教师无法关照子女教育和陪伴老人，而在城区学校工作，距离近，能够照顾家人。

第三，城乡之间、区域之间待遇、福利仍存在差距，相对于农村教师的艰苦付出而言，其工资待遇的吸引力不强。

第四，农村教师自身的专业发展问题，城区学校教师在职称晋升、专业发展等方面具有更多的机会、优势和便利，而农村教师则面临诸多障碍。某区有位教师提到，在她从事农村教育工作的七年中，因为职称问题而调走的教师就有6位。

第五，聘任合同制的全面实施，使教师在流动方面有更大的自主权、选择权。

### 案例 2-22　山区教师要求调动的愿望强烈

山区教师要求调动的愿望十分强烈，有的刚参加工作一两年就迫切希望调回平原或城区学校，四五十岁的老教师也强烈要求调到平原或山区。在核编座谈中，一些面临困难较大的教师情绪十分激动，当谈到如果要给山区教师提高工资待遇，是否可以坚持在山区任教时，几乎所有的年轻教师表示，他们还是想调到平原或城区，并表示这是关系到个人

前途发展的问题，以及生活、学习、工作的环境问题，还有下一代的教育、成长及亲情问题。

#### 案例 2-23 即使放弃骨干教师资格，也要去城里

在某镇中心小学，校长谈起学校骨干教师的流动时唏嘘不已。学校原来有 3 名区级骨干班主任教师，但一名教师为了孩子的教育问题，要求调动去城区学校。最后，这名教师甚至放弃了自己的骨干教师资格，以换取调动到城区学校的机会。

#### 案例 2-24 某近郊区招聘的外地户籍教师流失多

每年都有农村教师向城区学校流动。为了吸引优秀教师来山区从教，很不容易争取了进京指标，但是很多教师几年后就流向了城区的学校。

#### 案例 2-25 某区骨干教师流失严重

由于城区在待遇和个人发展方面比某区具备更多优势，使得某区高中骨干教师流失到城区的现象比较突出。

## （二）农村教师队伍质量方面存在的问题与原因分析

"十二五"以来中央及地方政府非常重视农村教师队伍建设，出台了相关文件，采取了一系列培养培训举措，取得了明显成效。农村教师学历水平持续提升，结构有所优化，教师专业水平和业务能力有了进一步提升。但相对于城区学校教师、中心城区教师而言，农村教师队伍整体专业发展水平仍有较大提升空间。

1. 农村教师队伍起点低，影响教师队伍质量

（1）骨干教师初始学历多为中师，学历起点低

当前农村教师中的骨干教师多数是当年各区中等师范学校毕业，尽管大多数后续取得了本科学历，但由于学历起点低，专业知识和能力提升困难，

专业发展受到影响。

（2）新教师中以非师范生为主，教师专业发展起点低

近些年来，北京市农村学校新教师补充以非师范专业为主，师范专业毕业生所占比例越来越低。非师范生从教存在劣势，即"师范性"弱，教育教学条件性知识缺乏，专业性弱，职业起点低。而且他们对教师职业的认同度低，缺乏应有的职业理想与信念。

大批量非师范毕业生加入教师队伍，必须对其进行岗前培训，这加大了新教师培训的压力，也导致"所教非所学"现象愈发突出。

### 案例2-26 某区近三年招聘的教师大部分是非师范生

近三年某区共招聘新任教师2000多人，大部分是非师范类毕业生，其专业水平亟待提高。目前，某区新任教师培训只是停留在通识培训，方式单一，缺乏针对性。需要采取新的措施，进一步提高新任教师培训工作水平。新招聘的教师中，非师范类的占教师队伍总数的2/3。

### 案例2-27 某区新进教师中非师范生比例占一半以上

引进的新教师中，非师范类的教师占教师总数的一半以上，新教师专业化水平有待提高。

### 案例2-28 某区补充的新教师专业素质低

某区补充的新教师专业素质低，音美教师不足。招聘的高中教师主要毕业于首都师范大学、哈尔滨师范大学等，绝大部分为非京生源，研究生学历，素质高；招聘的小学和初中教师师范类的很少，大部分来自北京联合大学、北京农学院等；学前教师主要毕业于北京科技大学延庆分校、北京学前教育学院（原北京幼儿师范学校）、北京汇佳职业学院等院校，学历层次较低。

（3）"教非所学""学非所教"现象突出，影响教育教学质量的提升在农村中小学，教师"教非所学""学非所教"的现象非常普遍，大量存在后续学历与所教学科不一致现象，这种现象对教师本人专业发展和学校教学质量、学生发展都是非常不利的。对教师个人来说，舍弃了大学时期的主修专业，几乎从零开始，影响后续的持续发展。从新教课程角度看，这些教师的知识比较薄弱，专业知识不扎实、不系统，短期内教学质量不容乐观。对学校来说，虽然这些教师暂时缓解了学科结构性缺编的问题，但必须对这些教师进行系统培训，上课与培训同步进行。

### 案例 2-29　某区农村学校专业不对口教师占 50%

某校校长表示，该学校专业不对口教师占 50%，英语教师专业全部不对口，所学专业为工商、建筑等，美术教师是北京服装学院毕业的，音乐课是原来中师毕业即将退休的教师在教。

### 案例 2-30　某区农村教师专业对口率低

该区农村教师队伍专业对口率低、学科分布不太合理，教师在区域间、城乡间分布略不均衡，农村教师年龄结构偏低，师资补充比较困难。

### 案例 2-31　某农村学校专任教师教非所学占 36.84%

某区农村中学校长表示，教师构成的不合理严重制约着学校的发展，也严重制约着教师课程实施能力的提高。师资结构不合理，在 38 位专任教师中，教非所学的 14 人，占 36.84%，其中，物理 2 人、化学 1 人、数学 4 人、信息 2 人、生物 1 人、历史 2 人、政治 1 人、英语 1 人，均为非本专业教学，教学起点低。

### 案例 2-32　某区农村新教师专业对口率不足 30%

该区共计新进教师 1325 人，主要补充在农村小学。农村小学补充了 1106 人，农村中学补充了 219 人。来自师范院校、与教育相关专业的毕业生有 382 人，专业对口率不足 30%。

**案例 2-33　教师进修学历，50%的人后续学历与所教学科不一致**

某区镇中学校长说，学校所有教师中仅有 1 名教师仍是大专学历，其余教师都是本科学历，但这些教师的本科学历大部分是后续进修的，并且进修学历的教师中，50%以上进修专业与所教学科不一致。

（4）多数教师身兼数职，影响教学的专业化

"身兼数职""身教多课""教不同年级"在农村学校普遍存在。出现这种现象的原因主要是编制标准低、难以补充新教师，一些学科招不到专业教师；国家要求开齐课程、开足课时，但一些学科没有专业教师，只能由其他科任教师兼任，同时，农村中小学各项管理工作样样齐备，限于人手，只能由科任教师兼任，导致教师工作量大，精力分散，无暇专注于教学工作，既影响教育教学质量，也影响教师自身专业成长。

**案例 2-34　教师兼任工作多，不利于专业发展**

某区农村学校一名教师表示："我们学校教师规模受限制，教师兼任工作较多且繁重，不利于专业发展。我校有一个体育老师，她后续本科是信息专业，就兼任信息课教学。"

**案例 2-35　英语教师教 6 门课**

某区农村小学的一位小学英语教师，除教英语外，还教其他小学科共计 6 门课，其中一门是音乐，但她不懂乐理、不识简谱、唱歌跑调，上课只能给学生放音乐。谈到自身专业发展时，她说她只想把自己的英语课教好。

**案例 2-36　我都不知道自己是哪科的教师**

某区一位农村小学教师说："我中师毕业后，一直在小学教数学和语文。每天教完语文教数学，还当班主任。目前，我一个人担任着美术、科学、品生、专题教育等小学科的教学任务。对于自己的专业发展，我

也很迷惑，我都不清楚自己属于哪一学科，更不知道自己应该向哪方面发展。"

(5) 教育教学研究意识薄弱，研究能力低

尽管农村中小学规模小、班额少，为教师开展小班化教学、开展教育教学研究提供了有利条件，但整体而言，农村学校教师的研究意识、研究能力较为薄弱。农村中小学规模小、平行班级少，甚至没有平行班级，这就导致同学科教师少、同年级同学科的教师更少，有的学科全校只有一位教师，教师之间难以形成教科研小组，教科研氛围难以形成。

(6) 信息化素养有待进一步提升

农村学校信息化、数字化校园建设已经取得明显成效，和城区学校的差距已不明显，但教师的信息技术应用能力、信息资源的获取能力、信息分析加工能力都较为薄弱，信息技术与教育教学的深度融合尚有较大提升空间。

(7) 农村学校骨干、优秀人才、领军人才仍短缺

名师、名校长、市学带、市骨干、特级教师、正高级教师等更多地集中在城区学校、农村的平原地区学校。一是限于客观条件，农村学校不容易培育出优秀人才；二是即使培养出来也难以留住，很快就会流动到城区学校。

2. 培训体制机制存在问题，影响教师专业成长

(1) 培训内容针对性不足，存在培训过度现象。五年一轮360学时的继续教育制度，市、区、校的三级培训体系，多元化的培训主体，纷繁的培训内容，在一定程度上导致教师参加培训过度，存在疲于应付的问题。加之在培训内容、培训方式、时间安排、主讲人水平等方面的问题，培训的针对性、实效性有待进一步提升。

## 案例 2-37 渴望优秀教师的指导、交流

某区乡镇学校教师说，我们学校离县城大约有60里地，很远，所以我们的信息相对来说比较闭塞，对外交流得少，尤其是和优秀教师沟通、交流的机会特别少。我们一个年级有一个班，一个班现在只有20~25个学生，

一个年级只有一位语文教师,我们整个初中学校就三个语文教师,像生物、历史、地理学科的教师整个学校只有一个,这是现在的状况。所以我们的教师在专业发展方面特别渴望能跟更优秀的教师有更多的交流,这样才能有助于我们的发展。

(2) 农村教师参加高层次培训的机会少。除校本培训外,农村中小学教师参加市级、区级培训学习的机会相对较少,培训机会在教师之间分布不均衡。尤其是市级培训、高层次培训的资源、机会非常有限,而且普通教师、年轻教师难有此机会,这导致农村教师视野不够开阔,教育教学理念难以及时更新。

**案例 2-38 山区教师发展机会少**

某区的乡中心小学教师说,我们山区教师专业发展机会少,距离县城太远了,我们希望多听专家、名师上课,让专家多听、点评我们的课。

(3) 工学矛盾突出,参与培训的时间、交通成本高,影响教师参加继续教育。工学矛盾突出是影响农村教师参加培训的重要原因。农村学校编制过紧,教师人手不足、工作量大,导致农村中小学教师培训中的工学矛盾突出。教师外出培训找不到其他教师代课。调课困难,干扰学校正常教学秩序,以后补课也比较麻烦。同时,由于距离较远,农村教师参加市区级培训的时间成本、交通成本较高,影响农村教师参加市级培训的积极性。

(4) 校本培训内容较少、经费比重较低,学校、教师自主选择权较小。在三级培训体系中,区组织的培训所占比重最大。在依据自身需求、自主选择参加培训方面,教师选择权很小。在年人均培训经费上,各区差异明显,且校本培训经费所占比重很小,学校能够统筹使用的经费非常少,每天支出标准低,不利于学校根据自身发展需求和教师队伍状况开展有针对性的培训。

**案例 2-39  培训经费标准低，培训受阻**

农村教师需要参加培训，但是由于相关政策规定，教师的外出培训受到限制。例如，某区有 1000 万元的教师培训资金，希望将教师送到高校参加培训，让教师在学科素养方面有进一步的提升，但是由于政策问题，这个项目停了。目前，政策文件规定的培训费每人每年 450 元，而这是远远不够的，也使教师去高校培训受阻。

**案例 2-40  教师参加培训成本高**

某农村学校校长表示，教师到县城地区参加培训教研，坐公交车来回时间太长。没有交通补贴，坐公交车，一趟约 10 元。应把这项费用计算在内，给农村边远地区学校教职工提供培训费用。

**案例 2-41  山区教师发展前景不乐观**

某区一位农村学校的年轻教师说，同一年毕业，分到不同区域的学校，几年后，发现自己的见识、学识、经验、能力等各方面都无法和城区的教师相比。

3. 农村教师晋职评优困难，成就感低，职业发展动力不足

农村教师高级职称比例低，教师专业职级上升空间受阻。农村教师职称晋升困难，尤其是参评高级职称异常困难。前面数据表明，10 个郊区拥有高级职称的教师占各区教师总数的比例低于 6 个城区的比例。农村学校拥有高级职称的教师更少，且分布不均衡。造成这种现象主要有以下四方面原因。

一是高级职称评定标准高，城乡统一。由于农村教师受职称、学历、论文发表、专业水平的限制等，教育教学成果相对少，无法与城区教师进行竞争，尽管职评向农村学校倾斜，设立了农村专项指标，但城区优秀教师相对集中，晋职、评选比例自然偏高。

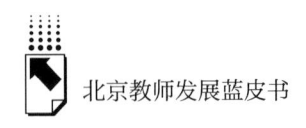

二是具有高级职称、荣誉称号的教师流动性强，流失率高。农村教师一旦评上高级职称、获得骨干教师荣誉称号等就会向城区学校流动。

三是目前获得高级职称的教师年龄普遍较大，不少高级职称教师由于各种原因已不再任课，转任管理、后勤工作岗位，但仍然占着学校高级职称的名额，导致后面的教师职称评定没有高级职称指标。

四是从年龄结构上看，中青年教师相对集中，近几年有资格评定高级职称的教师较多，呈现扎堆排队现象，竞争异常激烈。

在高级职称"僧多粥少"的情况下，中级职称成为相当一部分教师职业生涯的"天花板"，短期内绝大部分教师晋升无望，必然挫伤群体士气和工作积极性，导致寻求职业发展、提升教育教学水平的动力不足。同时，职称结构校际不均衡，造成"高职低聘"，阻碍教师的交流轮岗。

### 案例2-42　某区教师晋升高级职称异常困难

符合晋升中级、高级职称条件的教师越来越多。该区符合晋升中级、高级职称条件的教师有1958人（其中符合中级晋升高级者1322人，符合初级晋升中级者636人），每年职称指标逐渐减少，尤其是区直属学校，一般学校每年仅1~2个指标，但有几十人符合晋升高级、中级职称条件，此项工作难度很大。

### 案例2-43　某区部分教师工作缺乏动力

职称难评，出现职业倦怠。农村中小学近年普遍减生减班，教师长期超编，难以流动，人员老化，职评竞争激烈，受职称指标限制，职评压力越来越大，部分教师评职无望，工作缺乏动力。

### 案例2-44　某区低聘人数越来越多

全区基层单位高、中级低聘268人，这些教师都是在原单位评上中级、高级职称，调到新单位后由于没有指标一直未聘，有的教师已临近退休，低聘时间最长是从1998年开始的，这些教师经常到教委及上级部门上访，迫切希望解决职称问题。

## （三）农村教师工作生活方面的问题与原因分析

工作生活方面，相对于城区学校教师，农村教师遇到的困难主要是工作压力大、在校时间长、交通距离远、无暇照顾家庭、就医困难，从而导致身心疲惫、职业倦怠、亚健康普遍。

1. 工作压力大，交通距离远，身心疲惫，职业倦怠感严重

农村学校教师工作压力大、身心疲惫，主要有以下几方面原因。

（1）工作绝对量大。"身兼数职""教多门课""跨年级教课"必然导致教师工作量增大，教学、管理一肩挑，不停地备课、上课、批改作业、辅导学生，教师们神经高度紧张、身心俱疲。这既不利于提高工作质量，也不利于教师的身心健康。

**案例2-45　某区一山区小学女教师教四个年级的英语课**

我在山区小学，学校规模小，各年级没有平行班，我自己教四个年级的英语课，一周有二十多节课，平均每天四五节，每天都是忙着备课、上课，一点儿也走不开。

（2）在校时间长，离家时间长。山区学校教师一天12小时都在学校，中午不能像城区学校教师一样回家。尤其是深山区学校、山区寄宿制学校，教师周一到校上班，周五才能离校回家，一周住宿在学校。寄宿制学校的教师需要付出更多的时间和精力，而与这种高强度的付出相比，农村教师普遍表示，工资待遇偏低，工作缺乏成就感。

**案例2-46　深山区学校教师吃住在学校**

一些学校位于深山区，距离县城远，交通不便，教师只能周一到学校上班，连续一周吃住在学校，周五才能回县城的家。

（3）对学生学业负全责。农村学校留守儿童多，多由祖辈看管孩子，

家庭条件较差，家长文化水平不高、教育观念落后，家校合作几乎为零，学生的学业全部依靠教师，依靠在校时间。

（4）上下班路途远，时间长。相对于城区学校的教师来说，农村学校教师上下班路途遥远，上下班时间长。其主要原因是绝大多数农村中小学教师在县城置业买房安家，只有极少数教师家在学校当地。这样每天上下班往返于县城与学校之间，花费时间多，上下班路上交通时间一般为2~3个小时，甚是辛苦。深山区学校的教师只能吃住在学校，周末回县城的家。起早贪黑、披星戴月成为这些教师的真实生活写照。

### 案例2-47　山区教师每天工作12个小时

某山区学校教师：从县城到学校60里路，坐校车，早上6点从家出发，晚上冬天是18点到家、夏天18：30到家，平均每天要12个小时，甚至更多的时间花费在工作和去工作的路上。若看晚自习，要21点放学，就不能回家，只能住在学校。

### 案例2-48　在校时间太长了

某农村学校教师：学校班车早上6：35从县城出发，我6：50上车，17：30下班，18：10才能到家，在校时间太长了。其实16：20就没课了，但还要办公到17：30才能离校，有孩子的教师晚上无法接孩子、辅导孩子。

### 案例2-49　山区学校教师不容易

某农村山区学校教师：我想说的就是山区教师真的挺不容易的，那么早起床，大家都是从8点上班到下班，一共8个小时的工作时间，但作为山区教师，工作的时间绝不仅仅是8个小时，早上5点多起床，6点出发，坐车的时间将近3个小时，这些全部不算工作时间。

我觉得教师们都是冒着生命危险去上班，很不容易，但是教师们敬业精神还挺高的，不能不管学生。

**案例 2-50　山区教师上下班时间长，每天多出 3 个小时**

某乡镇中学校长：每天班车在路上 3 个小时，早上 5 点多起床，晚上 7 点以后才到家，相当于比在房良工作的教师多工作 3 个小时，每月就是 66 小时，每月多工作 8 个工作日，每年多工作 80 天，多工作近 3 个月，但待遇是一样的。

2. 身体健康状况堪忧，就医困难

相当部分农村教师身体健康状况堪忧，颈椎病、腰椎病、甲状腺疾病等较为常见，折磨着农村教师。同时，有更多的教师处于亚健康状态。这种情况，除工作压力大、路途遥远等原因之外，就医困难也是一个重要原因。

在医疗方面，乡镇医疗条件较差，医生水平低，药物缺乏，而且就医开药受到诸多限制。去城区就医，请假离岗后无人能够替代上课，所以教师去城区看病就比较困难。去县城看病，路途远、挂号难、排队时间长，一般当天无法完成，往往需要好几天。

所以，很多教师生病，或者自己凭"经验"买药，或者能拖就拖、能扛就扛，小病忍着，大病拖着，致使身体长期处于亚健康状态，小病拖成大病，严重影响身体健康。

另外在体检方面，部分区尚做不到对全体农村教师进行年度全面体检，有的区女教师每年体检一次，男教师每两年体检一次。体检机构不够专业、权威，体检项目不全，一些重要体检项目缺乏。

**案例 2-51　教师身体状况差**

某农村学校校长：教师身体状况越来越差，腰椎病、颈椎病、甲状腺结节等，不孕的也多，我校有 2 名教师试管婴儿成功的，2 名教师正在计划实施，2 名教师在犹豫中。教师体检费用较少，而且都是常规检查，希望能够增加体检项目。

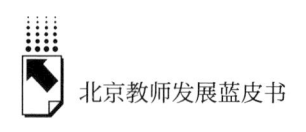

3. 无暇照顾子女和老人，心存愧疚，焦虑感突出

（1）无暇照顾子女和老人，心存愧疚

每天早出晚归，深山区教师还要住校一周，周末才能回家，自然无暇照顾家中老人，无法照看孩子、辅导孩子学业，没有时间陪伴家人，内心焦虑，普遍存在对家人的愧疚感。与家人关系淡，与孩子关系疏远，孩子学业差，易养成不良习惯。

**案例 2-52 某区乡镇中心小学老师发的一个微信，令人心酸**

昨晚一夜未眠，辗转反侧，脑海中浮现着果果（该教师儿子的名字）早上醒来看不到妈妈大哭的样子，今天是学生开学（幼儿园）的第一天，因为教师这个职业，我无法自己送果果去幼儿园陪伴他人生新脚步的开始，因为是山区教师，我甚至不能等他起床后亲一亲他的小脸，跟他说声加油。想到他以后人生中的无数个第一次我都不能陪伴在他身边，仅仅因为我是教师。

**案例 2-53 对孩子、对父母愧疚**

某区一所乡镇中心小学老师：因为我们毕竟是山区教师，家离工作单位比较远，所以我们每天可以说是早出晚归，但我们都是毫无怨言的，也是乐于奉献的。我们根本无法照顾、教育孩子，错过了很多陪伴孩子成长的机会。还有一点，对父母有一些愧疚，比如父母身体不舒服或者生病了，不能第一时间去看望。

（2）教师子女入托入学存在困难，没有明确的优惠政策

在义务教育严格免试就近入学的政策下，教师子女在县城入学的唯一途径就是房产，即学区房。优质学校的学区房价格高昂，是广大农村教师不能承受之重。子女教育、子女入学成为折磨农村教师的一大障碍。

**案例 2-54 与家人感情淡，希望能天天回家**

某区一乡镇中心小学教师：我们最大的心愿就是希望能天天回家，能够有一个放松的时间，跟家人在一起，帮助家里完成一些自己本来应该承担的

事情。我觉得我们教师从周一上班，如果说这一礼拜都不回家，那就等于周五才下班，整个晚上，说是在宿舍，但也是在工作的地方，心也没法放下来。我是到这个学校后，跟我爱人结婚，然后有孩子，到现在孩子2岁多了，基本上也回不了家，导致跟家里人的感情，包括跟孩子的感情很淡。

**案例 2-55　教好了别人家的孩子，却无法照顾自己的孩子**

某区一乡镇学校教师：已婚有子女的教师越来越多，因离家远，家庭、孩子都无法照顾，一年除寒暑假2个月能照顾自己孩子的饮食、学习外，其他的10个月都无法照顾。爱人也是教师，在县城学校上班。我儿子读二年级，下午课后去小饭桌。儿子早上7:30上学，要提前做早餐。家里的忙一点也帮不上，儿子学习习惯有问题。教好了别人的孩子，自己的孩子却连照顾的时间都没有。

（3）山区学校单身教师在婚恋方面处于弱势地位，婚恋困难

由于职业特点，中小学教师，尤其是小学教师中女教师居多，男女比例失衡。对于山区学校的教师而言，长时间待在山区，接触外面、其他行业的人非常有限，这对婚恋非常不利。中小学教师中，男教师在婚恋方面的困难更为突出，因为传统观念认为男人要承担起养家的主要责任，而中小学（男）教师的工资待遇却难以胜任。

**案例 2-56　山区学校教师婚恋困难**

几位山区学校的男女教师都表示，亲朋给介绍对象时，人家一听说在山里面工作就打退堂鼓了，接触的机会都没有。

## 三　农村教师队伍建设的路径

加强北京市农村中小学教师队伍建设，应该从战略高度认识、规划、培养、引进、创新体制机制保障措施等层面采取相应的政策举措，实施北京市

农村教师队伍建设支持计划,下大力气补齐农村教育这块短板,在农村教师建设这个关键问题上有突破性进展,解决当前农村教师队伍建设存在的突出问题,吸引优秀人才到农村学校任教,稳定农村教师队伍,促进农村教师队伍整体水平提升,让北京市农村基础教育质量跨上一个新台阶,让每个农村孩子都能接受公平而有质量的教育,从而推动城乡一体化发展,推进社会主义新农村建设。

## (一)加强宣传,树立典型,全面提高农村教师师德水平

1.各级政府和部门要高度重视农村教师队伍建设

农村教师队伍建设属于教育公共政策的范畴,农村教师队伍建设政策能否在教育领域得到实现,取决于教育领域与其相关的编制、人事、财政、住建等在多大程度上形成社会共识。进一步加强北京市中小学教师队伍建设,是北京市委、市政府做出的重要决策,是社会主义新农村建设的组成部分,对促进首善之区和谐社会建设,实现首都教育现代化目标具有现实意义。必须进一步提高思想认识,把进一步加强北京市中小学教师队伍建设作为教育工作中的一项重要任务,抓紧抓好。

2.加强师德建设,建立北京市农村中小学教师荣誉体系,大力宣传农村教师师德典型

第一,要引导教师履行好教书育人的任务,用教师职业理想、道德规范、依法执教来规范教师行为。

第二,新入职的教师要承担班主任工作,作为教师职务晋升的必备条件之一。

第三,设立农村教师九类荣誉称号,表彰奖励长期扎根农村教育一线的教师,广泛宣传农村教师的先进事迹,激励教师爱岗敬业、为人师表,将对农村教师的奖励纳入市政府的奖励范围。

设北京市农村中小学教师"京华杯"师德标兵奖,设北京市农村中小学教师"京华杯"优秀教师奖,设"北京市农村中小学特级教师"称号,设"北京市农村中小学科带头人"称号,设"北京市农村中小骨干教师"

称号,设立"北京市农村中小学教师终身成就奖"。北京市政府可按照国家有关规定对在农村学校长期从教的教师予以物质表彰,鼓励和引导社会力量建立专项基金,对在农村从教 30 年及以上的优秀教师给予物质奖励,每年评选 10 人,每人奖励 50 万元;在农村从教 10 年及以上教师,每年奖励 1 万元。

第四,加大对获农村各种荣誉教师宣传的力度,利用各类媒体诸如在报纸杂志、电视新闻中广泛宣传农村教师的典型事迹,宣传农村教师坚守岗位、默默奉献的崇高精神,在全社会大力营造关心支持农村教师和农村教育的浓厚氛围。

## (二)建立中小学教师人力资源信息管理制度,科学制定农村教师队伍发展规划

1. 完善教师队伍年度统计上报制度

由市教委人事处牵头,各区教委具体于每年 9 月对全市中小学教师队伍进行城乡分类统计、汇总,统计时间定在当年的 8 月 31 日,统计信息包括数量分布、年龄结构、职称结构、学历结构、编制情况、流动情况、减员情况、资格证书情况、专业发展水平等。统计结果于每年 9 月底上报市教委人事处。

2. 建立教师需求预测机制

市教委人事处要定期委托专业机构对各学段学龄人口、在校生规模、师资需求规模等进行监测和预测。依据师资需求变动情况制定新教师队伍发展规划,做好教师队伍的储备、流动与分流等规划。

## (三)建立农村教师长效补充机制,为农村学校提供优质教师

1. 扩大外引内招规模,拓展农村教师多元补充渠道

(1)实施人才引进特区计划

由于教师培养周期所限,农村教师队伍的补充渠道需要特殊的政策加以实行,需要实施人才引进特区计划,突破进京指标限制,给予专项进京指标

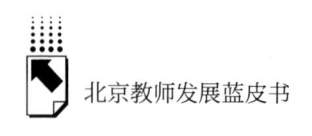

引进高水平教师和优秀毕业生。

①实施京外优秀教师引进计划

从京外其他省、区、市引进优秀教师，能够在短期内起到补充师资的功效。

②实施京外优秀师范生引进计划

在本地生源师资储备不足的情况下，引进外地毕业生补充教师队伍就成为必然选择之一。

（2）实施学费代偿计划

对自愿到农村地区、山区学校从事教师职业一定年限的毕业生，实施相应的学费和助学贷款代偿，代偿所需资金由北京市级财政安排，以吸引高校毕业生从教。

（3）实施北京特岗教师计划

依据教育部"特岗计划"，实施北京市特岗教师计划，鼓励和引导优秀高校毕业生到农村从事教育工作，逐步解决农村师资总量不足和结构不合理等问题，提高农村教师队伍的整体素质。

（4）实施在读研究生顶岗实习计划

各级行政部门和师范院校搭建一个桥梁，鼓励中小学积极接收在读师范生和有志于从事教育事业的非师范生（包括本科生和研究生）进行顶岗实习，并就实习内容、实习时间、实习生的导师安排、实习考核等对中小学校、实习生本人提出相应的要求。

（5）建立兼职教师制度

招聘社会相关行业的专业人士，经过短期培训，取得教师资格证书，作为兼职教师。尤其在小学科教师短缺、结构性缺编情况严重时，可以聘用兼职教师在一定的时间内从教，如退役的运动员，音乐、美术等各类专业人员。

2. 教育系统内部挖潜，合理补充教师资源

（1）建立中小学教师在区域学区流动机制

建立健全中小学教师流动机制，引导教师在区域学区内横向流动，尤其是骨干教师的流动，提高教师资源的配置效率。学区内部学校之间、学区之

间都可以视师资的余缺情况，互相调剂、补充，实现区域内教师资源共享，有效流动。尤其是农村地区紧缺的小学科教师，如音乐、体育、美术教师等，可以实行"巡回走教制"，或"集中授课制"，或"乡镇内划片集中授课制"。

建立学区内中小学教师跨学段流动机制，在学前、小学、初中和高中不同学段之间调剂师资，优化配置教师资源。有富余教师的学段，可以通过对富余教师进行一定的培训，安排到缺少师资的学段任教，提高师资的配置效率，解决教师在不同学段之间流动时在岗位、职称、待遇等方面遇到的问题。

（2）实施老教师送教下乡计划

对于退休或离退休、身心健康的特级教师、高级教师，采取有效措施鼓励他们到农村学校支教讲学、顶岗代课、指导青年教师等，以优秀教师、专家引领带动农村教师素质提升，继续发挥老教师的价值，市财政设专项计划给予适当支持。

3. 提高师资供应数量与质量，建立新教师岗前规范化培训制度，拓展农村教师供给渠道

（1）扩大师范生培养规模，创新教师教育体制

①扩大在京师范院校师范生培养规模。

在当前在京高校师范生招生和培养规模的基础上，进一步挖掘潜力，扩大师范生招生规模，尤其是扩大招收京籍生源学习师范专业。

提高京外生源的招生规模。北京高校由于地域优势，能够吸引京外较高质量的生源报考。

适当调整师范专业结构，加大音、体、美小学科的辅修力度，着力提高紧缺专业师范生的招生数量和培养质量。

②鼓励在京综合性大学开设师范专业。

鼓励有条件的在京综合性大学和学院开设师范专业，培养中小学教师，形成以师范院校为主体、综合性大学为补充，灵活开发的师范教育体系。对开设师范教育的综合院校，北京市政府财政应该给予一定的政策和财政

支持。

③创新教师教育体制，实施职前职后一体化改革试点工作。

方案一：将北京教育学院纳入现行高考招生范围，依据其现有基础和条件，每年面向北京市招收一定数量的免费师范生，定向为北京市农村学校培养教师。

方案二：借鉴英国中小学教师培养的"3+1"模式，即高校毕业生先获得学科专业学士学位，再接受为期一年的教育专业训练。以"研究生教育证书"课程为代表，主要培养中学教师。该模式面向已经获得专业学位、有志于从事教师工作的毕业生。"1"指一年的教育专业训练，可以由北京教育学院负责开设师范专业相关课程。

(2) 通过多种举措，提高师范生培养质量

要鼓励、吸引高中优秀毕业生报考师范专业，提高师范生生源质量，可以采取以下措施加以保障。

第一，实施免费师范生计划，并视师资需求情况，逐步扩大师范生招生规模，提高免费师范生在读期间的补贴标准。

第二，实施优秀学生保送攻读免费师范专业计划。在高三学生中，择优选择一批学生，保送其攻读师范专业。选择优秀高中毕业生，攻读大学的师资班。

第三，实施农村教师定向培养计划。各区选派高三毕业生，委托师范院校进行定向培养，毕业后回到原来区任教。区教育行政部门、高校、学生签订三方合同，确保学生大学毕业后回到生源地任教一定年限。

(3) 建立新教师岗前规范化培训制度，提高入职培训质量

第一，建立新教师岗前规范化培训制度，各区选择师范大学作为新教师岗前培训基地，进行为期半年到一年的半脱产培训，并配备指导教师。

第二，实施新教师三年帮扶计划。在新教师初入职三年内，为其配备校内外指导教师，搭建上公开课、上研究课、参加各种比赛、参与研究课题等的机会和平台，助推新教师在职业初期打下良好的发展基础。

## （四）全面提升农村教师队伍整体素质，促进专业发展

1. 实施"北京市农村中小学改进计划"

农村教师队伍的发展与农村学校发展密切相关。设立农村学校改进计划，从学校规划的设计、教师队伍建设、教育教学改革、校园文化建设等方面全面改进农村学校面貌，促进农村教师队伍发展，提升农村学校整体教育质量。

2. 实施"北京市农村中小学名校长培养计划"

在农村中小学选拔一批优秀校长加以培养，使他们成为北京市农村学校的领头羊、带路人。

3. 实施"北京市农村中小学名师培养计划"

在农村中小学选拔一批优秀教师加以培养，使他们成为北京市农村学校教学能手、学科带头人。

4. 继续实施"北京市农村骨干教师研修工作站"培训项目

选拔中青年骨干教师到城市优质资源学校脱产培训，及时更新知识结构，提高教育教学能力。

5. 实施"北京市农村中小学新教师培训计划"

针对农村新教师非师范类毕业生突出的问题，要实施针对新教师的专项培训，加强教育学与心理学理论、学科知识与实践环节的学习。

6. 实施"北京市农村中小学教育教学改革培训计划"

着眼于教育教学改革，对农村教师实施教育改革的专题全员培训，更新教师观念与知识，使其树立终身学习理念，全面提升教师素质，应对教育变革带来的挑战，创设教师可持续专业发展的学习型环境，建设新农村学习型中小学教师队伍。

7. 实施"北京市农村中小学紧缺学科专项培训计划"

针对农村教师音体美、心理学等学科教师缺乏的问题，要实施针对紧缺学科教师的专项培训，使每个农村学校补齐这些学科的教师，保障农村教育健康发展。

8. 实施"北京市农村中小学外语教师专项培训计划"

针对农村英语教师基础薄弱的问题，要实施针对英语教师的专项培训，提升听说读写基本专业技能。

9. 提高"北京市农村中小学数字学校"课程提供的针对性和使用率

解决农村教师培训中工学矛盾突出的问题，开发优秀资源的远程教育培训，建设教师专业发展网站，开发互动的网上培训课程。全面提升农村教师信息技术应用能力，积极利用远程教学、数字化课程等信息技术手段，破解农村优质教学资源不足的难题，提高数字学校课程提供的针对性和使用率。

### （五）突破体制机制障碍，促进农村教师队伍质量提升

1. 推进"县管校聘"管理体制改革，制度上保障优化教师资源配置

（1）区教委统一管理本区教师编制，学校按需设岗配备教师

各区教委要把编制核定到学校，每年对中小学实际岗位需求进行核对，及时补足学校教职工岗位的空缺，并留有适当富余，避免学校"有编不补"现象，缓解学校师资紧张问题。

（2）把教师招聘的公招权收归区教委，扩大学校聘用教师的自主权

教师队伍有别于公务员队伍，是专业性很强的人才队伍。在目前教师职业缺乏吸引力的现实背景下，公招程序复杂、公招次数少、公招效率偏低的问题，为在数量和质量上招到理想的教师增加了难度。因此，要简化中小学教师的公招程序，缩短公招延滞时限，提高工作效率，使公招工作启动和完成期限与高校毕业生就业期限相一致，与中小学业务需求相一致；增加公招的次数，最大限度招聘优秀师资。

（3）区教委城乡统一调配师资，促进教师交流轮岗

区教委要采取定期交流、跨校竞聘、学区一体化管理、学校联盟、对口支援、乡镇中心学校教师走教等多种途径和方式，重点引导优秀校长和骨干教师向农村学校流动，农村学校校长、干部、教师到城区学校跟岗学习交流。要采取有效措施，保持农村优秀教师相对稳定。

## 2. 提高中小学教师编制标准，统一城乡教职工编制标准

（1）提高中小学教职工编制标准，降低生师比

现行中小学教职工编制标准亟须调整、改革。深入研究、测算北京市基础教育，尤其是农村学校的编制情况，制定科学、合理的编制标准，完善针对农村学校、寄宿制学校的编制管理。

（2）统一城乡教职工编制标准

农村中小学教职工编制按照城市学校标准统一核定，其中村小学、教学点编制按照生师比和班师比相结合的方式核定。区教委在核定的编制总额内，按照班额、生源等情况统筹，按学校岗位需求配备教师，重点解决教师全覆盖问题，确保农村学校开足开齐国家规定课程。严禁在有合格教师来源的情况下"有编不补"、长期使用临聘人员，严禁任何部门和单位以任何理由、任何形式占用或变相占用农村中小学教职工编制。

（3）扩大机动编制比例

由于教师群体的特殊性，教师面临生育、生病、年纪大不能胜任教学岗位、流动、学习等特殊情况，需要有一定数量的机动编制，可以比例在总编制10%～20%的机动编来调节学校教育面临特殊情况下的教师岗位需求的空缺，保障学校教学工作正常运转。

## 3. 职称（职务）评聘向农村学校倾斜，计划单列职称比例

第一，要研究完善农村教师职称（职务）评聘条件和程序办法，实现区内城乡学校教师岗位结构比例总体平衡，切实向农村教师倾斜，可以单列职称比例。

第二，农村教师评聘职称（职务）时不对外语成绩（外语教师除外）、发表论文有刚性要求，坚持育人为本、德育为先，注重师德素养，注重教育教学工作业绩，注重教育教学方法，注重教育教学一线实践经历。

第三，城市中小学教师晋升高级教师职称（职务），应有在农村学校或薄弱学校任教一年以上的经历。

## 4. 改革培训制度，提高培训的实效性

第一，要整合三级培训与教研资源，防止过度培训与过度教研给教师带

来学习疲软与学习动力的缺失。

第二，要增大农村学校教师校本研修学分的比重，保障教师按需自主选择学习内容与学习方式的权利，提高农村教师学习的内在动力，不断提升学习效果。

第三，建立学术休假制度，解决农村教师的工学矛盾，促进农村教师可持续发展。教师每连续在学校工作6年，可以享受半年带薪学术休假，学校保留其职位，教师可以利用学术休假进行脱产进修、学习、游学、休息。

第四，改革财政培训预算"一刀切"的标准，制定专门的教育系统培训经费使用管理办法，让培训经费使用落到实处。

第五，改革境外培训学习的审批与标准"一刀切"的机制，建立教育系统境外培训学习的绿色通道，让具有终身学习特质的教师能到境外培训学习，开阔国际视野，培养出具有国际视野的学生。

5. 建立适合农村教师的绩效评价机制

农村教育是以培养新农村教育建设者为目标的教育，应该建立一套区别于城区学校教师的绩效评价标准，以缓解农村中小学教师的压力，为农村教师营造宽松的教书育人的环境；同时建立退出机制，对于不在岗、可以延迟退休的教师不予延迟退休。

6. 加大市级统筹，实施"北京市农村中小学教师保障计划"，提高教师职业吸引力

要在市级层面加大市级统筹的力度，实施一系列倾斜政策，稳定农村教师队伍，激励优秀人才到农村从教，切实增强农村教师职业吸引力，要实施"北京市农村中小学教师保障计划"，主要包括以下几方面内容。

（1）依法实施保障农村中小学教师待遇提高的机制

建立农村中小学教师特殊津贴专项制度，是依法提高教师待遇的具体体现。

第一，建立农村中小学教师特殊津贴专项制度。以地理位置的偏远程度、海拔高度（平原、浅山、深山）及是否为寄宿制学校三个维度，制定不同的特殊津贴标准，向边远山区和艰苦地区倾斜。发放特殊津贴所需资金

由市级财政统一负担，转移支付给区级财政，专项单列，直接打入教师个人账户。

第二，提高农村教师班主任费标准。

第三，积极推进农村教师职务聘任制度改革，保障农村中小学教师福利待遇不断提升。

（2）实施暖心工程，建立农村教师生活绿色通道

第一，在农村学校工作6年及以上的教师可以到城区学校任教。

第二，农村教师子女有选择城区学校就近入学的绿色通道，解决子女入学的后顾之忧。

第三，建立农村教师医疗绿色通道，解决教师职业特殊性的诉求，缩短教师排队挂号就诊的时间，保障教学秩序的正常进行；做好农村教师重大疾病救助工作，成立教师互助基金；建立农村教师年度体检制度。

第四，重视农村中小学教师的身心健康，支持农村学校举办教师心理健康讲座，成立教师成长小组，促进教师身心健康发展。

第五，在山区寄宿制学校建教师周转房，改善教师的住宿条件；在非寄宿制农村学校按2人一间的标准间配备教师宿舍。

第六，采取特殊政策，在城区建教师廉租房与经济适用房，保障教师居有定所，消除后顾之忧。

# B.3
# 北京市农村中小学教师队伍师德研究报告

王 婷[*]

**摘 要：** 北京市区教育行政部门出台了诸多师德建设文件，对农村中小学教师队伍师德建设做出了整体规划。教师师德建设目标明确，师德建设举措多样，师德建设特色鲜明。北京市师德建设特色主要体现在六个方面。一是榜样示范，发挥先进教师的引领带动作用；二是教育渗透，树立教师的良好形象；三是突出重点，激发青年教师的社会责任感；四是加强师德教育培训，提升师德素养；五是严格考核，保证教师整体师德水平；六是积极引导教师为人师表。北京市师德建设中也存在着诸多问题，增强师德建设的专业性是进一步改进的方向。

**关键词：** 农村教师 师德建设 农村中小学

## 一 北京市农村中小学教师队伍师德建设现状

提高教师的师德水平始终是教师队伍建设的首要任务。北京市各级教育部门历来重视加强师德建设工作，将师德建设工作放在教育工作的首位。《北京市中长期教育改革和发展规划纲要（2010—2020年）》明确提出要把师德建设放在教师队伍建设的首位，进一步加强教师的职业理想和职业道德

---

[*] 王婷，博士，北京教育科学研究院教师研究中心副研究员。

教育，不断增强广大教师教书育人的责任感和使命感。《北京市乡村教师支持计划（2015—2020年）实施办法》（京政办发〔2016〕8号）要求提高乡村教师师德水平；建立健全教育、宣传、考核、监督与奖惩相结合的师德建设长效机制；坚持立德树人，开展多种形式的师德教育，把职业理想、职业道德、法治教育、心理健康教育等融入教师职前培养、准入、职后培训和管理的全过程；加大师德先进典型宣传力度，促进形成重德养德的良好风气；完善农村教师师德考评制度和方式，把师德建设作为对农村学校工作考核和办学质量评估的重要指标。

## （一）北京市农村中小学教师师德建设规划

北京市各区教育行政部门积极响应，结合本区教育实际出台了诸多师德建设文件，为农村中小学教师队伍师德建设做出了整体规划。

密云区教委和教工委出台了《密云区师德建设三年行动计划2013—2015》和《密云区教委系统教职工培育和践行社会主义核心价值观实施方案》，用以指导密云区中小学教师队伍师德建设工作。顺义区教委完善修订了《顺义区教育系统加强师德师风建设实施方案》《顺义区教师职业行为规范》，全面夯实师德师风建设，围绕提升教师职业道德水平、增强业务素质能力、规范教书育人行为等内容开展主题学习教育活动，引导促进广大教师严守师德规范，营造正气充盈的政治生态和风清气正的育人环境。昌平区教育委员会出台《关于进一步加强师德建设的意见》，提出师德建设工作目标，通过师德建设提高全区教师的师德水平。怀柔区教委出台了《关于进一步加强教师职业道德建设工作的意见》以及《关于在全区教育系统深入开展"加强师德建设防范化解风险 推进阳光教育"主题教育活动的方案》。延庆区教委颁发了《延庆区中小学教师职业道德规范》，通过有计划地举行培训学习、自查自纠活动，开展以"做人民满意的教师"为主题的师德标兵评选、青年教师师德演讲等一系列教育活动。平谷区教委制定了《平谷区中学教师职业道德规范实施细则（试行）》《平谷区小学教师违反职业道德处理办法》等政策

文件，加大师德师风建设。房山区教委出台《进一步加强和改进中小学教师职业道德建设的意见》，提出房山区加强和改进师德建设的总体目标以新颁布的《中小学教师职业道德规范》为标准，以全面育人、为人师表为核心。

## （二）北京市农村中小学教师师德建设目标

北京市各区结合本区的实际情况，制定和颁布了明确的师德建设方案。如昌平区明确提出师德建设目标是：通过师德建设，提高全区教师的师德水平，增强教书育人的光荣感、责任感和使命感，严格遵守《中小学教师职业道德规范》，严格遵守各项教学规范、教学纪律，做到"爱国守法、爱岗敬业、关爱学生、教书育人、为人师表、终身学习，团结合作、廉洁从教"，努力造就一支师德高尚、结构合理、严谨治学、从严执教、教书育人的一流师资队伍。

顺义区提出以敬业爱生为重点，建立健全师德建设长效机制，进一步提高教师职业道德水平。深入贯彻《中小学教师职业道德规范》，紧密围绕全面实施素质教育、全面加强未成年人思想道德建设的目标要求，以爱国守法、爱岗敬业、关爱学生、教书育人、为人师表、终身学习为重点，持续开展形式多样的师德教育活动，积极引导广大教师树立崇高的职业理想，全面提高师德素养，做人民满意的教师。

房山区加强和改进师德建设的总体目标是：以新颁布的《中小学教师职业道德规范》为标准，以全面育人、为人师表为核心，以提高教师思想政治素质、个人品德、职业理想、职业道德、社会公德和家庭美德水平为重点；弘扬高尚师德，力行师德规范，强化师德教育与自我修养，落实制度措施，加强考核评估，进一步提高师德水平；造就一支师德高尚、师能过硬、学科齐全、结构合理，适应教育事业发展，让社会认可、让人民满意的教师队伍。

密云区提出以"爱岗敬业、教书育人"为核心，以"学为人师、行为世范"为准则，以提高教师思想政治素质和职业道德水平为重点，以立德树人为根本任务，强化师德教育，力行师德规范，弘扬高尚师德，优化制度环境，不断提高师德水平，造就忠诚于人民教育事业、为人民服务、让人民满意的教师队伍，促进素质教育全面实施，为培养德智体美劳全面发展的社会主义建设者和接班人做出新贡献。通过加强师德建设，全力打造一支具有崇高职业理想、师德高尚、业务精湛、充满活力的高素质专业化中小学教师队伍。促进"两个转变"，即教风校风向更好的方面转变和师德师风向更好的方面转变；杜绝"三种现象"，即有偿家教、以教谋私、体罚和变相体罚学生；实现"四个提升"，即在教师政治素质和师德素养上有新的提升，在服务学生、服务家长的效果上有新的提升，在树立教师良好形象上有新的提升，在教育教学质量上有新的提升。

### （三）北京市农村中小学教师师德建设举措

北京市农村中小学教师师德建设举措多样。各区都有自己行之有效的师德建设举措。如延庆区2006~2015年连续十年开展"做人民满意教师"师德主题教育活动，取得明显成效。同时，针对师德建设仍存在的一些问题，制定了一系列方法与措施：进一步加强师德教育培训，将师德作为对学校、校长任期考核和教师评价考核的重要内容，将师德建设融入各项常规管理，开展丰富多彩的主题教育活动，加大宣传力度。经过教育人事制度改革，教师的积极性、主观能动性被激发和调动起来，使命感、责任感普遍增强。

顺义区师德建设的主要措施是加强师德宣传。顺义区广泛宣传师德楷模、师德标兵以及长期在农村任教并做出突出贡献的教师，将他们的事迹集结成书，发挥模范教师的榜样作用，营造师德师风建设的良好氛围。同时，每两年举办一次教师师德论坛。

怀柔区师德建设推进措施是加强教育培训。中小学把学习《中华人民共和国教育法》《中华人民共和国教师法》《教育部关于进一步加强和改进师德建设的意见》《中小学教师职业道德规范》等列入本校教师继续教育内容，把师德教育作为新一轮教师全员培训的重要内容并组织教师进行研讨，

引导广大教师修身立德。教委依托教育系统理论宣讲团，以"创先争优、凝聚师魂、弘扬雷锋精神、践行北京精神"为主题，深入基层单位开展师德宣讲活动，每年暑期组织开展教师师德建设嘉年华活动。

房山区加强和改进师德建设的主要措施是改善学校环境。学校在校园内张贴或悬挂崇尚师德的标语、口号或教师行为规范，营造积极向上的师德建设文化氛围。制定教师行为准则，进一步规范教师的从教行为。严格考核管理。规定各学校要建立师德考核制度，将师德表现作为教师年度考核、职务聘任、派出进修和评优奖励等的重要依据。对师德表现不佳的教师要及时进行教育，经教育仍不改正的，要进行严肃处理。

昌平区加强和改进师德建设的主要措施是完善制度，保证师德建设的落实。结合本单位现阶段师德状况，进一步修改、完善师德规范细则和师德考评方案，使师德建设工作和教师思想作风建设有章可循；将师德与教师绩效考核紧密结合起来，使师德成为全面考核教师的刚性指标；要在完善制度的过程中对师德方面存在的突出问题、热点问题提出整改意见，努力使群众反映比较强烈的问题得到解决，师德师风整体状况明显好转；要把师德建设与解决教育、教学和教师的实际问题结合起来，注意保护和调动广大教师的积极性、主动性，使师德师风建设水平和广大教师的师德修养得到进一步提高。

## 二 北京市农村中小学教师队伍师德建设特色

榜样示范，发挥先进教师的引领带动作用；教育渗透，树立教师的良好形象；突出重点，激发青年教师的社会责任感；加强师德教育培训，提升师德素养；严格考核，保证教师整体师德水平，积极引导教师为人师表。是北京农村中小学教师师德建设的特色。

### （一）榜样示范，发挥先进教师的引领带动作用

密云开展师德先进集体和先进个人评选、表彰活动。健全评选表彰机

制，坚持每年开展师德先进集体和先进个人评选、表彰活动，充分发挥先进集体的典型示范和激励带动作用，使广大教师自觉遵守师德规范，争做人民满意的教师。

顺义区在全区开展十大师德楷模评选和表彰活动。如在2017年教师节前夕，顺义区为进一步加强师德师风建设，营造教育系统爱岗敬业、教书育人的良好氛围，树立信仰坚定、师德高尚、业务精湛的教师典型，在全区教育系统开展了第二届十大师德楷模评选活动。

昌平区教委坚持每年评选师德标兵，每两年评选一次优秀教师，每三年评选一次骨干教师，并坚持把师德放在上述评选条件的首位。要求各中小学、幼儿园注意宣传本单位师德标兵、优秀教师、骨干教师的先进事迹。区教委也通过区级媒体加大对师德标兵、优秀教师、骨干教师的宣传力度。

怀柔区表彰师德先进。每年评选出本单位的师德典型，并进行表彰。区教育工委、教委开展"双百""双十佳"评选表彰活动，即每年评选出"百名师德先进工作者""百名优秀班主任"，"十佳师德先进工作者""十佳优秀班主任"，激励全区广大教师以先进典型为榜样，爱岗敬业，为人师表。组建优秀教师事迹报告团，举办优秀师德事迹报告会。利用《教育之窗》《怀柔教育报》《怀柔教育》《优秀班主任事迹选》及各学校宣传栏、黑板报等宣传媒体，开展师德宣传教育活动。充分展示广大教师的先进事迹，展现优秀教师爱岗敬业、无私奉献、为人师表的师德风范。

房山区注重师德与评先创优相结合，学校注意在日常工作中发现、培养师德典型，区教育工会每年在劳动节和教师节期间在全区范围内组织评选一定数量的市、区级师德标兵，同时，通过各种媒体加强对师德典型的宣传报道，以更好地发挥典型的带动作用。

## （二）教育渗透，树立教师的良好形象

房山区教育工会每年评选市区级师德标兵，每年定期召开师德报告会，

典型引路，发挥榜样作用。学校每学期至少举行一次班主任工作经验交流会和弘扬师德专场报告会、演讲会。区教育工会把近三年市区师德标兵中评选出的优秀典型事迹汇编成册，出版《铸就师魂》一书，作为该区师德建设经验，要求各单位加强学习和宣传。房山区注重德与宣传的结合，在教育信息网上开设师德论坛专栏。

昌平区各中小学、幼儿园结合本单位实际，围绕师德建设这个中心来开展工作，进一步丰富教育教学的形式与内容，注重实效。首先，营造尊师重教的氛围，在教师节、儿童节开展师德标兵、优秀教师、优秀班主任评比表彰活动，并在各级各类媒体广泛宣传他们的优秀事迹，形成争当师德先进的舆论氛围，同时组织学生、幼儿经常开展尊师重教的活动，增强教师的职业归属感和自豪感。其次，把职业道德的要求与教师个人的发展结合起来，努力为教师解难事、办实事，增强师德建设工作的感召力和影响力，同时积极听取教师意见，维护教师的合法权益，促进校务公开，增强教师的主人翁意识。最后，适时组织活动，通过开展师德讲座、征文、报告会、座谈会、师德承诺以及教师志愿者等活动，使教师逐步增强师德修养和敬业精神；倡导教师阅读人文学科书刊，写读书笔记，进行读书体会交流，提高师德修养和内在品质。

怀柔区开展主题演讲，以"创先争优、凝聚师魂、弘扬雷锋精神、践行北京精神"为主题，在全教育系统开展师德演讲活动，培养教师良好师德风尚，营造良好的师德氛围。延庆区开展丰富多彩的主题教育活动，加大宣传工作力度。经过教育人事制度改革，教师的积极性、主观能动性被激发和调动起来，使命感、责任感普遍增强。

### （三）突出重点，激发青年教师的社会责任感

青年教师是教育事业的未来和希望。密云区深化理想信念教育，不断增强教师教书育人、以身立教的使命感和责任感。建立教师思想状况定期调查分析制度，帮助教师解决思想问题，营造教师成长的良好环境。坚持通过讲座、辩论赛、演讲等多种形式，教育引导教师坚定理想信念，热爱教育

事业，认真做好本职工作。昌平区各中小学、幼儿园通过丰富多样的活动激发他们的社会责任感，调动他们的工作积极性，在关心他们思想、生活的同时，加强对他们的职业道德教育。中小学、幼儿园新任教师入职后必须接受岗前培训，培训内容除教学方法、科研方法、教学规章制度等方面外，把教师职业道德、师德规范作为培训的重要内容，经考核合格后才能上岗。

## （四）加强师德教育培训，提升师德素养

延庆进一步加强师德教育培训，将师德作为对学校、校长任期考核和教师评价考核的重要内容，将师德建设融入各项常规管理。

房山积极开展多种形式的师德教育，主要内容包括政治理论，教育方针、政策，法律法规，教师职业道德规范，教师心理健康教育等。将师德与德育结合起来、师德与课改结合起来、师德与活动结合起来。定期举行经验交流会和专场报告会。

密云开展新任教师入职教育培训活动，坚持每年对新任教师进行入职后的师德教育。通过开展入职宣誓、师德报告会、"三观"教育、心理健康教育等活动，帮助新任教师尽快成长为具备高尚师德的优秀教师。进一步加强教师思想政治教育，提高思想政治工作的针对性和实效性。完善理论学习制度，创新理论学习方式和载体，组织教师全面、系统学习中国特色社会主义理论体系知识，不断提高教师理论修养和思想政治素质，确保教师坚持正确的政治方向，自觉践行社会主义核心价值观。

## （五）严格考核，保证教师整体师德水平

昌平规定各中小学要把师德列为人事档案的内容之一，严格师德考评制度，将师德表现作为教师年度考核、职务聘任、派出进修和评优奖励等的重要依据。在职称评聘、绩效工作分配等工作中，把师德表现和教学质量、教书育人的效果作为重要依据，加大其在评聘条件中的权重。在学年考核、职务评聘、教师聘任、骨干推荐等方面严格实行师德"一

票否决制"。

密云各校建立健全师德档案,全过程记录教师职业道德状况,不断探索师德师风建设工作长效机制。强化管理,把师德建设工作纳入学校绩效考核,将教师的师德表现作为其评优评先、岗位聘任、专业技术职务聘任的首要内容,对有严重违反师德行为的教师,在评价中一票否决。进一步完善监督检查机制,采取学校自查、校际互查、教委定期抽查等多种形式,加大师德建设监督检查力度,并将检查结果纳入学校整体评价,切实增强师德建设工作的实效性,提升广大教师的师德水平,促进中小学教育质量全面提高。扎实开展师德师风评议活动,建立多元评价机制,广泛征求学生、家长及社会各界的评价意见,通过问卷调查、召开座谈会等形式,开展学生、家长、社会评师德等活动。通过师德师风评议活动,科学分析师德师风建设存在的问题,认真研究解决的办法和途径,抓好整改措施的落实,加大监督管理力度,进一步规范教师从教行为。

怀柔中小学通过建立意见箱、进行问卷调查、召开座谈会、开展家访等形式,征集学生家长、区人大代表、政协委员以及社会各界对教师师德建设的意见和建议,建立反馈机制,研究具体问题,制订改进办法。根据本校师德建设实际,组织在职教师签订师德承诺书。在校务公开栏公示教师师德公开承诺的内容,并在一定范围内对学生和家长进行宣传,对教师的日常言行进行监督。公开承诺重点围绕以下内容:不乱收费,不歧视学困生,不加重学生负担,不体罚和变相体罚学生,不向学生推荐教辅资料,不从事违规家教、办班、兼课和有偿招生,严守学校纪律等。

怀柔在广大教师中深入开展师德自查自纠活动。通过自查活动,认真查找自身存在的问题,剖析问题存在的原因,制定整改措施,明确努力方向。学校要汇总教师师德问题,上报教委监察科。自查重点围绕三个方面。第一,是否尊重热爱学生。是否存在体罚和变相体罚学生、侮辱学生、歧视学生等不良行为。第二,是否爱岗敬业。是否对工作高度负责、认真备课上课、认真批改作业、认真辅导学生;上班时工作精力是否集中,是否存在在工作时间从事工作以外的活动。第三,是否存在违法违规行为。是否存在借职务之便谋私利,向学生和家长推销或变相推销课外图书、复习资料,违规从事家教、办班、兼课和有偿招生等行为。

### (六) 积极引导教师为人师表

密云通过开展礼仪知识讲座、风采展示等活动,引导教师衣着得体,仪表朴素大方,既体现教师职业特点和健康的审美情趣,又反映教师热爱生活的精神风貌;启动师德师风建设先进事迹巡回报告活动;组建教师先进典型和模范人物事迹宣讲团,每年进行巡回演讲,使"敬业、爱生、奉献"的观念深入人心,全面提升教师道德修养;开展师德师风大家谈活动;学校在强化教职工学习教育的同时,组织教师进行自我剖析,对照所学知识,检查自身存在的问题,撰写心得体会。怀柔规范教师用语。中小学在教师和学生中开展教师文明用语、教师忌语讨论征集活动,形成本校特色"教师文明用语""教师忌语",并向全体教师推广,进一步规范教师的语言和行为。

## 三 存在的问题及需要改进的方向

北京市农村中小学教师队伍师德建设有诸多特色,但在师德建设中也存在着需要进一步改进的问题。关于师德建设问题,我国诸多专家学者进行了深入的探讨。有学者指出,当前我国师德建设中存在教育方式上的困扰。为提高师德建设的成效,管理者和教育行政部门一直在努力寻找有效的建设方法。[①] 通过上述对北京市师德建设举措的分析,我们不难看出,为了更好地推进师德建设工作,各区教育行政部门采取了多种多样的方法,但客观分析后会发现以下问题。首先,这些师德建设举措和方法趋向于行政管理型,缺乏专业性,如更为注重师德评比、评先,宣传和表彰等。其次,师德建设

---

① 刘晓明、王丽荣:《师德心理建设:时代转型与建设思路》,《中小学德育》2019年第9期,第9~14页。

举措和方法较多注重外在的刚性的考核评价体系，缺少激发教师内在师德发展动力的考核评价体系。如有些区对教师的师德考核更为注重来自学校管理部门，还有来自社会、家长和学生的全方位的外在评价考核，不注重来自教师内部的考核评价。另外，师德建设的举措在内容上也更多局限于对教师群体的规范灌输，而很少有遵循教师个体的内在发展需要，忽视了教师自我养成的作用，将难以保证师德建设的有效性。总之，师德建设的效果主要取决于教师主体性，师德建设的核心应是教师主动参与对话交流的过程，是教师内化自己的道德知识、道德经验、道德观念，并转化为自觉的道德行为的过程。任何道德知识如果不能让教师从内心接受和认同，是不可能真正长久的。因此，进一步提升中小学教师队伍建设的专业性极为迫切。

为了更好地加强师德建设工作的专业性，取得师德建设的良好效果，教育部出台了教师专业标准，对于教师师德的专业属性有着更多更细致的表述。如要求教师关爱学生，尊重学生人格，富有爱心、责任心、耐心和细心；以人格魅力和学识魅力教育感染学生，做学生健康成长的指导者和引路人；坚持以学生为主体，尊重学生权益，充分调动和发挥学生的主动性；促进学生主动学习、健康成长，使学生全面而有个性地发展。"教师专业标准"一级维度"专业理念与师德"，其基本要求就有很多专业性表述，诸如认同教师的专业性和独特性，注重自身专业发展；尊重个体差异，主动了解和满足学生的不同需要；信任学生，积极创造条件，促进学生自主发展；尊重教育规律和学生身心发展规律，为每一个学生提供适合的教育；激发学生的求知欲和好奇心，培养学生的学习兴趣和爱好。师德政策的专业性表述，使教师能够更容易理解师德政策内涵，也更能自觉地在实际工作中提升自身的师德水平。因此，增强师德建设的专业性，剔除师德建设中过大过空过泛的倾向性，应该是农村中小学教师队伍建设需要改进的方面。

北京市农村中小学教师长期扎根在艰苦的农村学校，能够克服身体和心理上的巨大压力及工作生活上的各种困难，甘于奉献，默默无闻，兢兢业业，绝大多数农村教师都体现出了良好的师德水平，这是与北京市区教育行政部门积极重视农村教师队伍师德建设工作密切相关的。北京市、区两级教育行政部门将师德工作放在教育工作的首位，结合实际出台了诸多师德建设文件，为农村中小学教师队伍师德建设做出了整体规划，制定了明确的师德建设目标，推行了多种多样的师德建设举措，师德建设特色突出。

# B.4 北京市农村中小学教师专业发展研究报告

李一飞*

**摘　要：** 农村教育质量是国家教育整体水平的重要标志，对于培育合格人才、推进教育扶贫、促进社会公平、实现经济社会可持续发展具有重要意义。笔者通过问卷调查、访谈、座谈和实地调研的方式，对北京市农村教师的专业发展情况进行了调研。结果显示：农村教师的专业精神显著高于城区教师；农村教师专业知识显著低于城区教师；农村教师专业能力显著低于城区教师；教师培训以区级培训为主，选择国外培训的比例城市显著高于农村，选择区级和校本培训的比例农村显著高于城市，教师在校本培训方面的感受城乡差异显著；农村教师不愿培训主要因为交通不便。为此，要落实乡村教师支持计划，实施"乡村教师素质提升计划"；认识专业理念的重要性，加强专业理念培养；开展校本研修，提升农村教师专业素质；加强职业生涯规划引领，提升教师自主发展能力；实施"互联网+美丽乡村教育"，开展有效的远程教师培训。

**关键词：** 农村教师　教师专业发展　中小学教师　城乡差异

## 一　研究背景

国家《乡村教师支持计划（2015—2020年）》提出，到2020年全面建

---

\* 李一飞，北京教育科学研究院教师研究中心助理研究员。

成小康社会、基本实现教育现代化,薄弱环节和短板在农村。发展农村教育,教师是关键,必须把农村教师队伍建设摆在优先发展的战略地位。要提升农村教师整体素质,提高农村教师专业水平,就要先了解农村教师与城市教师在专业发展上存在的差异,因此,本报告主要分析北京市中小学教师专业发展城乡差异的基本情况,并由此提出相关建议。

教师工作是一种专业性活动,那么教师专业发展的内涵是什么?这里有必要先澄清"专业"的内涵。何谓"专业"?比较有影响力的阐述是研究者们从专业社会学的角度提出"专业"的特质,并将专业的理想类型归纳为三个维度,即认知、规范与评价。认知维度的核心为专业知识与技能;规范维度意指专业的服务取向与伦理道德,其核心为服务理想;评价维度意指与其他职业相比,专业所具有的自治与声望特征,即专业组织的自主性。[①] 具体到教师专业来说,一些研究者据此专业内涵提出了教师的专业特质或素质结构,如包括教师的通用知能、学科知能、教育专业知能与专业精神,[②] 教师的专业理念、知识结构与能力结构,[③] 学科知识、行为知能与人格知能等。可以看出,尽管研究者对教师的专业内涵提出了不同的看法,但大都包含教师的专业知识、专业能力、专业服务理想或精神。结合以上阐述,笔者认为,教师的专业发展意指教师在教育教学工作中,不断增进与发展专业知识、专业能力、专业精神与态度的持续的过程。目前中小学教师的专业发展状况如何?本报告试图从专业发展的五个方面即专业精神、专业理念、专业知识、专业能力、专业自主发展意识进行考察。

专业精神是教师对专业持有的一种积极、肯定、支援的态度,并在教育工作中表现出认真敬业、主动负责、热诚服务及奉献进取的精神,具体包括如下四个方面。

---

[①] R. Fessler and J. Christensen, eds., *The Teacher Career Cycle: Understanding and Guiding the Professional Development of Teachers*, Boston: Allyn and Bacon, 1992, pp. 23 - 29.
[②] 饶见维:《教师专业发展——理论与实务》,台北:五南图书出版公司,1996,第78页。
[③] 叶澜:《新世纪教师专业素养初探》,《教育研究与实验》1998年第4期,第41~46、72页。

第一，服务精神。教师作为一个具有服务性质的职业，必须把服务学生、服务公众利益放在首位。在专业工作中，"在与学生的关系方面，表现出更强的服务伦理；对教师职业表现出更强的认同与情感投入"。[1] 本文主要从三个方面考察，即对教育教学的热情、投入度与奉献精神。

第二，爱生精神。没有爱，便没有教育。关爱每个孩子的成长是教师的神圣职责。爱生精神主要包括尊重学生的差异性，宽容、赏识与公平对待每一个孩子，与学生建立民主、和谐的师生关系。

第三，求进精神。"教员最重要的精神，是求事业能力的长进，要把我们的教材教法一天长进一天"，[2] 教师应在专业知识和专业技能上不断地求进求新。求进精神包括虚心好学的态度与持之以恒的学习精神。

第四，求真精神。"千教万教，教人求真，千学万学，学做真人"是教育的终极目标，是教师的天职。[3] 求真精神包括：敢于尝试新的想法，并有锲而不舍的探求精神；学做真人，致力于培育真善美的学生。

专业理念是教师在对教育本质理解的基础上形成的关于教育的观念与理性信念，包括教育观、教育教学效能感（sense of teaching efficacy）与职业认同感。本报告从以下三个方面考察教师的专业理念。

第一，教育观，即对教育、教学与学生的看法，包括教师如何看待教育的未来性、生命性与社会性，如何看待教育活动的师生互动性与动态生成性，如何看待学生的发展性、主动性与差异性等方面。

第二，教育教学效能感，即指教师对教与学的关系、对教育在学生发展中的作用及对自己教学效果等问题的一般看法与判断。教育教学效能感作为教师的一种信念，表明了教师对教育的效果、自己的教学能力与专业知识能影响和帮助学生的自信程度；教育教学效能感体现了教师对教育教学效果的一种主观感受与判断。

---

[1] R. Fessler and J. Christensen, eds., *The Teacher Career Cycle: Understanding and Guiding the Professional Development of Teachers*, Boston: Allyn and Bacon, 1992, p. 44.
[2] 陶行知：《陶行知全集》第1卷，四川教育出版社，1991，第43页。
[3] 陶行知：《陶行知全集》第1卷，四川教育出版社，1991，第588页。

第三，教育的认同感，则是对教师这一职业的认同感与承诺度，反映了教师对所从事职业的一种理性信念，影响着教师对职业的投入度。

专业知识是教师在教育教学情境中，为达到有效教学、促进学生发展所具有的一系列知识。基于已有研究，本报告提出教师有效教学的四种必备专业知识如下。

第一，通识知识，意指教师所具有的一般科学与人文素养。

第二，学科专业知识，意指教师对所教学科的专门知识，是教师胜任教学工作的基础知识。包括：对该学科的基础知识广泛而正确的理解，对学科发展历史与趋势及相关知识的掌握，对学科的社会、人文价值的了解。

第三，教育专业知识，作为教师职业独特性的体现，是促进教师认识教育对象、开展教育教学活动与研究的专门知识。包括学科教学方法与技巧、教学设计、学生心理发展特点、学生辅导与咨询以及教学评量等知识。

第四，实践知识，是教师在教育教学实践中形成的教育智慧，是教师专业发展的重要知识基础。包括教师对自己教学经验的看法、教育理论在实践中的应用、教育风格的形成。

专业能力是教师在教学情境中，为达到有效教学、促进学生发展所具备的知识与技能的综合体现，包括如下三个方面。

第一，课堂组织与管理能力，是教师保证课堂教学有效开展的组织与管理能力。包括对教学活动的调控、学生学习活动的组织与课堂偶发事件的处理能力。

第二，教育研究能力，指教师对教育教学中面临的实际问题，运用科学的研究方法，不断进行反思、探索，获得新的问题解决方法的能力。包括查阅与梳理教育文献的能力、善于发现与研究教学问题的能力、对教育研究方法的掌握。

第三，通用能力，意指教师从事工作与生活所必备的一般工具性能力。包括人际沟通与表达能力、熟练运用语言的能力、运用资讯科技的能力，以及文化表达能力，即认识到借助一系列媒介，如音乐、行为艺术、文学和视觉艺术等对思想、经历、情感进行创造性表达的重要性。

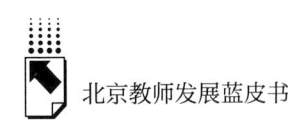

专业自主发展意识是教师主动谋求自我专业发展的意识、愿望、动机，包括专业发展的自主规划与自主学习意识。

## 二 研究设计

### （一）研究问题

教师工作是一种专业性活动。本报告中，教师的专业发展是指教师在教育教学工作中，不断增进与发展专业知识、专业能力、专业精神与态度的持续过程。目前中小学教师的专业发展状况如何？本报告试图从专业精神、专业理念、专业知识、专业能力、专业自主发展意识等专业发展的五个方面进行考察。基于研究目的提出如下具体的研究问题：

（1）中小学教师在专业发展五个方面（专业精神、专业理念、专业知识、专业能力、专业自主发展意识）的城乡差异如何？

（2）中小学教师参与专业发展活动的城乡差异如何？

### （二）研究方法

本报告采用问卷调查法与访谈法进行相关研究。

问卷调查法，旨在了解城乡教师专业发展的现状与需要、影响专业发展的因素、专业发展计划的评估。

访谈法，在文献分析的基础上，抽取不同特点的教师进行访谈，以了解教师专业发展的现状与需要、教师对专业发展计划的看法，为设计标准化的问卷做准备。

### （三）研究被试

1. 访谈被试

在问卷调查之前，结合教师的教龄特征、所在学校性质等因素，课题组研究人员预先对北京市城郊区的 70 名教师及校长进行了访谈。

## 2. 参加问卷调查的教师被试

结合教师的性别、职称、学校类型、学校地理位置等因素，采用分层抽样与随机抽样相结合的方法抽取被试，共抽取6052名中小学教师，实际有效教师被试的特征见表4-1。

## 3. 研究工具

教师专业发展问卷采用五分量表法，考察教师在专业发展五个方面的符合程度（非常不符合、不符合、比较符合、符合、非常符合），符合程度越高，分值越高（赋值为1~5分）。问卷信度 $\alpha=0.933$，具有较高的信度。

表4-1 教师被试人口学特征

单位：人，%

| 类别 | 人数 | 比重 | 缺失值 |
| --- | --- | --- | --- |
| 性别 |  |  | 228 |
| 　男 | 1505 | 24.9 |  |
| 　女 | 4319 | 71.4 |  |
| 学校类型 |  |  | 0 |
| 　小学 | 2546 | 42.1 |  |
| 　中学 | 3506 | 57.9 |  |
| 学校地理位置 |  |  | 9 |
| 　城市学校 | 1981 | 32.8 |  |
| 　农村学校 | 4062 | 67.2 |  |
| 职称 |  |  | 67 |
| 　小学三级 | 28 | 0.4 |  |
| 　小学二级 | 134 | 2.2 |  |
| 　小学一级 | 943 | 15.5 |  |
| 　小学高级 | 1347 | 22.2 |  |
| 　中学三级 | 17 | 0.3 |  |
| 　中学二级 | 1101 | 18.2 |  |
| 　中学一级 | 1265 | 20.9 |  |
| 　中学高级 | 652 | 10.8 |  |
| 　未评职称 | 498 | 8.2 |  |

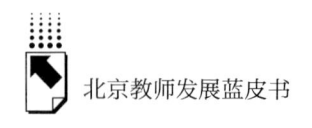

## 三 研究发现

### （一）北京市中小学教师专业发展情况

1. 教师专业发展水平不平衡，须关注专业理念

教师专业发展问卷采用五分量表法，考察教师在专业发展五个方面（专业精神、专业理念、专业能力、专业知识、专业自主发展意识）的符合程度，符合程度越高，分值越高（赋值为1~5分）。计算被试在专业发展五个方面自评的平均得分，可以进行专业发展水平的比较。

从表4-2与图4-1可以看出，在教师专业发展的各维度中，教师自我报告的平均得分大都在3.1~4.3分，即在比较符合与符合之间。在教师专业发展的五个方面，得分最高的是专业精神，其次为专业能力、专业知识、专业自主发展意识，专业理念得分最低。进一步分析，说明中小学教师在教育教学工作中，能够尊重、关心与爱护学生，与学生建立和谐民主的师生关系；能够对工作中遇到的问题进行钻研，寻求解决的途径；在专业与通识知识方面有较高的知识水平，在课堂组织与管理以及行动研究等方面表现出较强的专业能力；反思与自主发展意识较强。

表4-2 中小学教师专业发展平均得分

|  | 样本数 | 平均得分 | 标准差 |
| --- | --- | --- | --- |
| 专业精神 | 5991 | 4.24 | 0.750 |
| 专业理念 | 5961 | 3.10 | 1.111 |
| 专业能力 | 5967 | 3.84 | 0.722 |
| 专业知识 | 5954 | 3.77 | 0.779 |
| 专业自主发展意识 | 5950 | 3.23 | 0.984 |

专业理念得分低，主要表现在以下几方面。在教育观方面，教师并未对教育教学及学生发展形成理性或成熟的认识。如调查发现，只有25.7%的

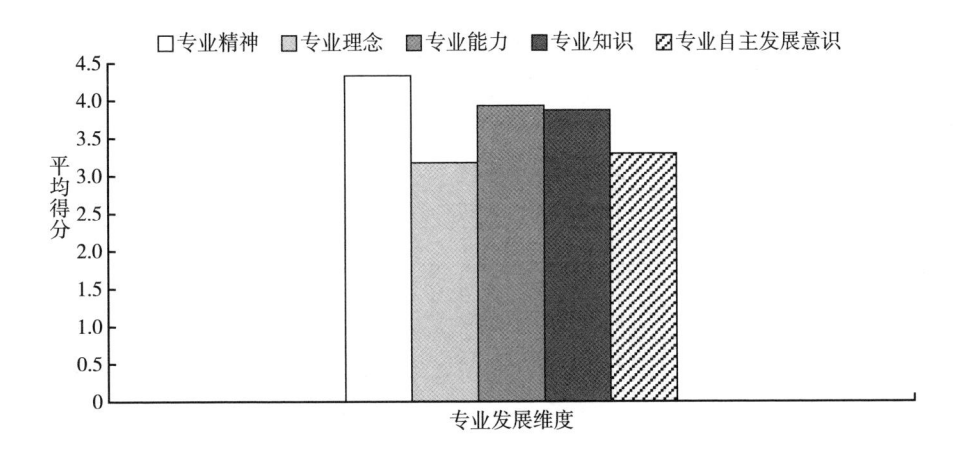

图 4-1 中小学教师专业发展平均得分

中小学教师不认同"教育工作单调烦琐,很少有发挥创造性的空间";只有 33.7% 的教师能够在课堂中兼顾不同发展水平的学生,并不仅仅"提问那些积极参与课堂活动的学生";有超过一半的教师认同"我不喜欢小组活动,因为在课堂中比较难于管理和控制"。说明教师在对待学生的发展性、主动性、差异性以及师生互动性方面的专业理念有待提升。在自我效能感方面,教师不太相信教育对学生的影响力,通过自己的教学来改变学生的自信心并不高。如只有 31.6% 的中小学教师不认同或者非常不认同"好学生你一教他就会,而学习困难的学生再教也没用"。虽然教师的教育观与教学效能感需要进一步提升,但绝大多数中小学教师有比较强的职业认同感,如 84% 以上的教师表示会继续从事教育工作,并不"打算改换其他职业"。

2. 在专业发展五个维度中,农村教师的专业精神高于城市教师,其他四个维度低于城市教师

表 4-3 与图 4-2 列出了城乡教师在专业发展五个方面的平均数与标准差。下面将采用独立样本 t 检验的方法,分析教师专业发展的城乡差异。

表 4-3 中小学教师专业发展的城乡差异

| | | 样本数 | 平均得分 | 标准差 | t 值 | 自由度 |
|---|---|---|---|---|---|---|
| 专业精神 | 城市 | 1955 | 4.17 | 0.780 | -4.943*** | 5980 |
| | 农村 | 4027 | 4.27 | 0.733 | | |
| 专业理念 | 城市 | 1946 | 3.19 | 1.111 | 4.643*** | 5950 |
| | 农村 | 4006 | 3.05 | 1.108 | | |
| 专业能力 | 城市 | 1948 | 3.90 | 0.739 | 4.097*** | 5956 |
| | 农村 | 4010 | 3.82 | 0.713 | | |
| 专业知识 | 城市 | 1939 | 3.88 | 0.827 | 7.784*** | 5943 |
| | 农村 | 4006 | 3.71 | 0.748 | | |
| 专业自主发展意识 | 城市 | 1940 | 3.40 | 1.032 | 9.513*** | 5939 |
| | 农村 | 4001 | 3.15 | 0.949 | | |

注：*** 表示 $p<0.001$。

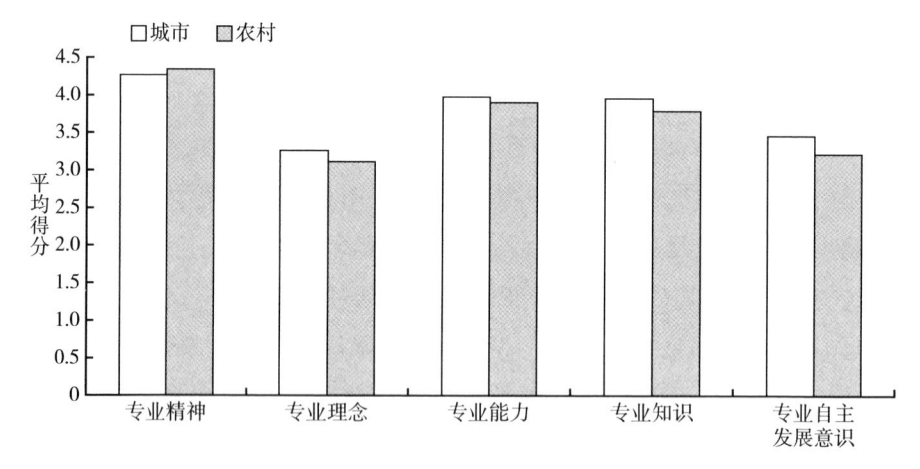

图 4-2 中小学教师专业发展的城乡差异

由表 4-3 和图 4-2 可知，城乡教师在专业发展的五个方面都存在差异。专业发展五个维度中，农村教师仅有专业精神高于城市教师，其他四个维度低于城市教师。

为了具体分析产生差异的原因，下面逐一分析农村教师专业发展的五个方面。

（1）中小学教师专业精神情况分析

①教师专业精神整体水平较高,需提升求进精神。

根据教师专业发展问卷,教师专业精神分为爱生精神、服务精神、求进精神、求真精神等四个维度,符合程度越高,被试自评分值越高(赋值为1~5分)。计算被试在专业精神四个方面自评的平均得分,可以进行专业精神的比较。

从表4-4与图4-3可以看出,教师专业精神各维度平均得分除求进精神外,其他在4.20分以上。在教师精神的四个具体方面,得分从高到低依次是求真精神、服务精神、爱生精神和求进精神。进一步分析,说明中小学教师在教育教学工作中,能够尊重、关心与爱护学生,致力于培养真善美的学生,并能够很好地服务学生。相比之下求进精神在专业精神中得分最低,说明教师求进求新的精神不足,缺乏持之以恒的学习动力。

表4-4 中小学教师专业精神平均得分

|  | 样本数 | 平均得分 | 标准差 |
| --- | --- | --- | --- |
| 专业精神总体 | 5991 | 4.24 | 0.750 |
| 爱生精神 | 5990 | 4.22 | 0.714 |
| 服务精神 | 5976 | 4.23 | 0.720 |
| 求进精神 | 5968 | 4.16 | 0.750 |
| 求真精神 | 5973 | 4.24 | 0.793 |

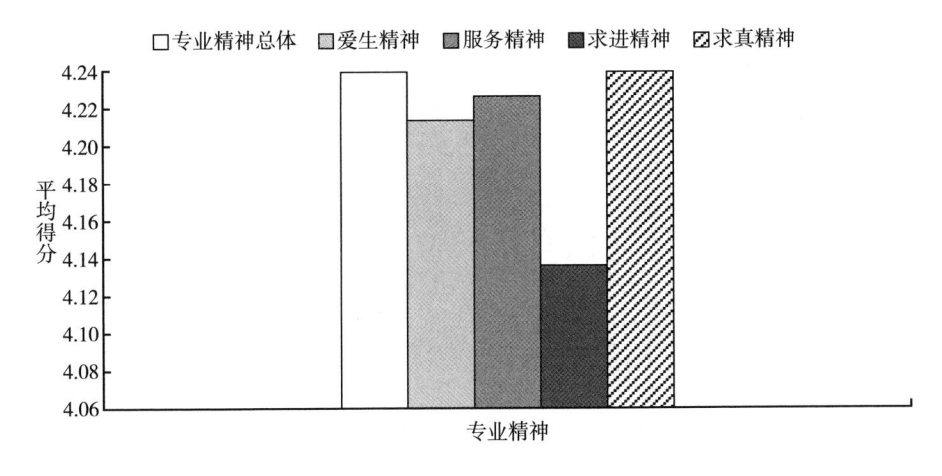

图4-3 中小学教师专业精神平均得分

②农村教师在专业精神的所有维度上均高于城市教师。

表4-5与图4-4列出了城乡教师在专业精神四个方面的平均数与标准差。下面将采用独立样本t检验的方法，分析专业精神的城乡差异。

表4-5 中小学教师专业精神的城乡差异

| | | 样本数 | 平均得分 | 标准差 | t值 | 自由度 |
|---|---|---|---|---|---|---|
| 专业精神总体 | 城市 | 1955 | 4.17 | 0.780 | -4.943*** | 5980 |
| | 农村 | 4027 | 4.27 | 0.733 | | |
| 爱生精神 | 城市 | 1954 | 4.16 | 0.740 | -4.629*** | 5979 |
| | 农村 | 4027 | 4.25 | 0.699 | | |
| 服务精神 | 城市 | 1951 | 4.17 | 0.746 | -4.424*** | 5965 |
| | 农村 | 4016 | 4.26 | 0.706 | | |
| 求进精神 | 城市 | 1948 | 4.14 | 0.751 | -1.079 | 5957 |
| | 农村 | 4011 | 4.16 | 0.750 | | |
| 求真精神 | 城市 | 1944 | 4.16 | 0.834 | -5.717*** | 5962 |
| | 农村 | 4020 | 4.28 | 0.769 | | |

注：*** 表示 $p<0.001$。

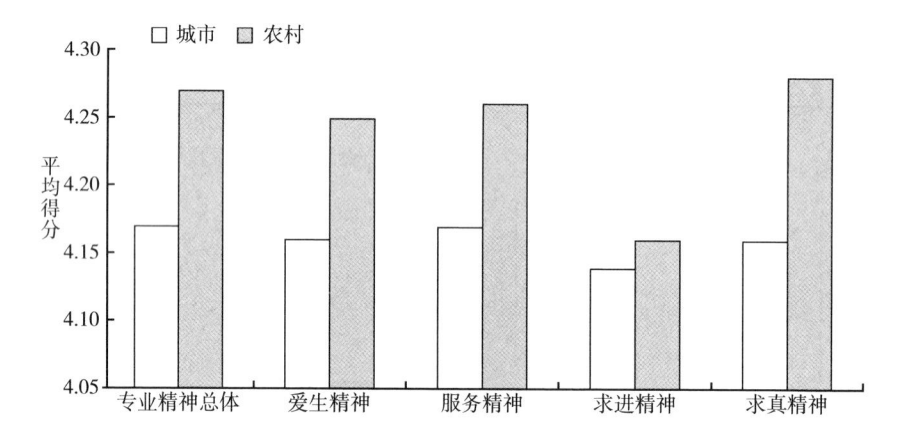

图4-4 中小学教师专业精神的城乡差异

独立样本t检验表明，在专业精神总体、爱生精神、服务精神、求真精神等方面，农村教师得分均显著高于城市教师，而求进精神城乡差异不明显。

(2) 中小学教师专业理念情况分析

①教师专业理念整体水平有待提高,尤其需提升教育效能感。

根据教师专业发展问卷,教师专业理念分为教育观、教育效能感和职业认同三个维度,符合程度越高,被试自评分值越高(赋值为1~5分)。计算被试在专业理念三个方面自评的平均得分,可以进行专业理念的比较。

从表4-6与图4-5可以看出,在教师专业理念的各维度中,教师自我报告的平均得分均在3分及以上。在教师专业理念的三个具体方面,得分从高到低依次是职业认同、教育效能感、教育观。

进一步分析,说明中小学教师对教育事业有一定的认同感和承诺度;在教育理念中,教育效能感需要提升,即要提升自身教育教学效果的自信程度;教育观也有待改善,尤其是新课改所强调的师生互动性与动态生成性需要改善,要更全面地看待学生的发展性、主动性和差异性。

表4-6 中小学教师专业理念平均得分

| | 样本数 | 平均得分 | 标准差 |
|---|---|---|---|
| 专业理念总体 | 5961 | 3.10 | 1.111 |
| 教育观 | 5968 | 3.00 | 1.085 |
| 教育效能感 | 5969 | 3.26 | 1.039 |
| 职业认同 | 5971 | 3.68 | 1.164 |

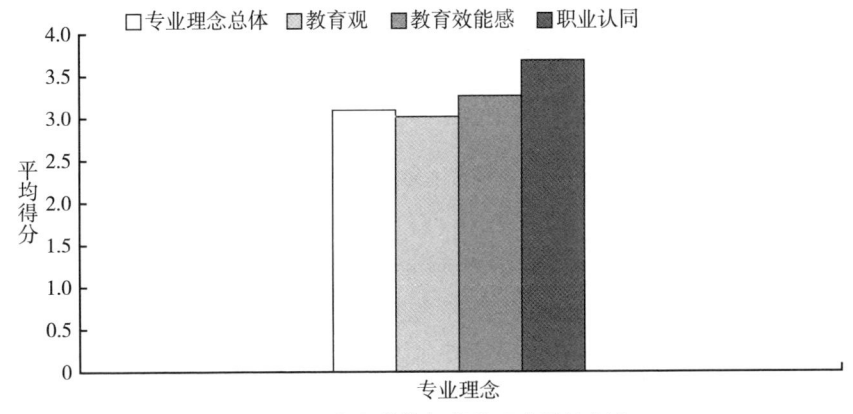

图4-5 中小学教师专业理念平均得分

②农村教师在专业理念上显著低于城市教师。

表4-7与图4-6列出了城乡教师在专业理念三个方面的平均数与标准差。下面采用独立样本t检验的方法，分析教师专业理念的城乡差异。

表4-7 中小学教师专业理念的城乡差异

|  |  | 样本数 | 平均得分 | 标准差 | t值 | 自由度 |
|---|---|---|---|---|---|---|
| 专业理念总体 | 城市 | 1946 | 3.19 | 1.111 | 4.643*** | 5950 |
|  | 农村 | 4006 | 3.05 | 1.108 |  |  |
| 教育观 | 城市 | 1945 | 3.17 | 1.080 | 8.563*** | 5957 |
|  | 农村 | 4014 | 2.91 | 1.078 |  |  |
| 教育效能感 | 城市 | 1948 | 3.35 | 1.047 | 4.826*** | 5958 |
|  | 农村 | 4012 | 3.22 | 1.031 |  |  |
| 职业认同 | 城市 | 1952 | 3.48 | 1.210 | -9.271*** | 5960 |
|  | 农村 | 4010 | 3.77 | 1.128 |  |  |

注：*** 表示 $p<0.001$。

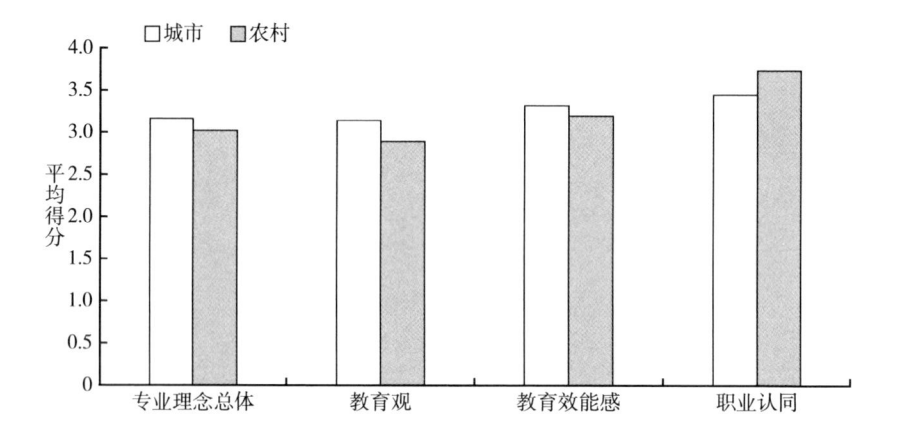

图4-6 中小学教师专业理念的城乡差异

t检验表明，城乡教师在专业理念的三个方面都表现出了非常显著的差异。在专业理念总体和教育观、教育效能感三个方面，城市教师分数显著高于农村教师，在职业认同方面农村教师显著高于城市教师。

（3）中小学教师专业能力情况分析

①教师专业能力整体水平一般，尤其需要提升教育科研能力。

根据教师专业发展问卷，教师专业能力分为课堂组织能力、教育研究能力、通用能力等三个维度，符合程度越高，被试自评分值越高（赋值为1~5分）。计算被试在专业能力三个方面自评的平均得分，可以进行专业能力的比较。

从表4-8与图4-7可以看出，在教师专业能力各维度中，教师自我报告的平均得分范围为2.72~3.84。在教师能力的三个具体方面，得分从高到低依次是课堂组织能力、通用能力、教育研究能力。

进一步分析，说明中小学教师具有保证课堂教学有效进展的组织与管理能力；能有效调控教学活动，能够有效组织学生学习活动与处理课堂偶发事件；具有工作与生活所必备的一般工具性能力，如人际沟通与表达能力、运用资讯科技的能力等；但需要加强教育研究能力，学会运用科学研究方法解决实际问题，如查阅文献的能力、解决问题的能力、掌握教育研究方法的能力等。

表4-8 中小学教师专业能力平均得分

|  | 样本数 | 平均得分 | 标准差 |
| --- | --- | --- | --- |
| 专业能力总体 | 5967 | 3.84 | 0.722 |
| 课堂组织能力 | 5977 | 3.75 | 0.806 |
| 教育研究能力 | 5965 | 2.72 | 1.058 |
| 通用能力 | 5984 | 3.59 | 0.817 |

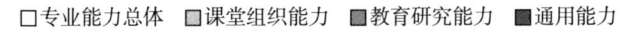

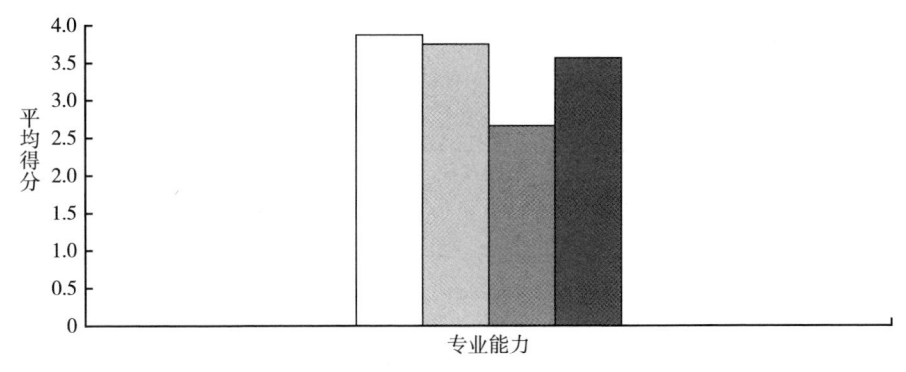

图4-7 中小学教师专业能力平均得分

②农村教师在专业能力的所有维度上均显著低于城市教师。

表4-9与图4-8列出了城乡教师在专业能力三个方面的平均数与标准差。下面将采用独立样本t检验的方法，分析教师专业能力的城乡差异。

表4-9 中小学教师专业能力的城乡差异

|  |  | 样本数 | 平均得分 | 标准差 | t值 | 自由度 |
| --- | --- | --- | --- | --- | --- | --- |
| 专业能力总体 | 城市 | 1948 | 3.90 | 0.739 | 4.097*** | 5956 |
|  | 农村 | 4010 | 3.82 | 0.713 |  |  |
| 课堂组织能力 | 城市 | 1941 | 3.79 | 0.816 | 2.543* | 5954 |
|  | 农村 | 4015 | 3.73 | 0.800 |  |  |
| 教育研究能力 | 城市 | 1951 | 2.95 | 1.076 | 11.888*** | 5966 |
|  | 农村 | 4017 | 2.61 | 1.031 |  |  |
| 通用能力 | 城市 | 1952 | 3.68 | 0.832 | 5.827*** | 5973 |
|  | 农村 | 4023 | 3.55 | 0.805 |  |  |

注：*表示 $p<0.05$，*** 表示 $p<0.001$。

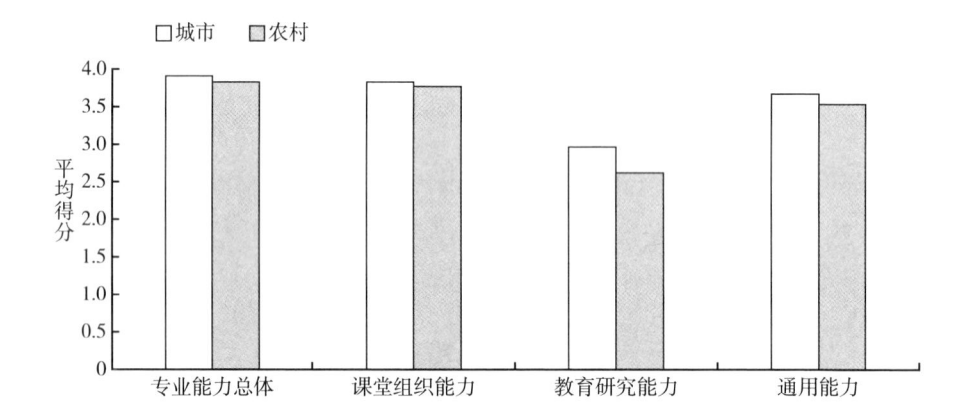

图4-8 中小学教师专业能力的城乡差异

t检验表明，教师在专业能力总体及其三个方面都表现出非常显著的城乡差异，城市教师专业能力显著高于农村教师。

(4) 中小学教师专业知识情况分析

①教师专业知识整体水平一般,发展较均衡。

根据教师专业发展问卷,教师专业知识分为教育知识、通识知识、学科知识、实践知识等四个维度,符合程度越高,被试自评分值越高(赋值为1~5分)。计算被试在专业知识四个方面自评的平均得分,可以进行专业知识的比较。

从表4-10与图4-9可以看出,在教师专业知识的各维度中,教师自我报告的平均得分范围为3~4。在教师专业知识的四个具体方面,得分从高到低依次是教育知识、实践知识、学科知识、通识知识。

进一步分析,说明中小学教师具有教育知识,即具有认识教育对象、开展教育教学活动与研究的专门知识,如教学设计、学生心理发展特点以及教

表4-10 中小学教师专业知识平均得分

|  | 样本数 | 平均得分 | 标准差 |
| --- | --- | --- | --- |
| 专业知识总体 | 5954 | 3.77 | 0.779 |
| 教育知识 | 5960 | 3.93 | 0.743 |
| 通识知识 | 5955 | 3.44 | 0.841 |
| 学科知识 | 5956 | 3.60 | 0.790 |
| 实践知识 | 5958 | 3.77 | 0.770 |

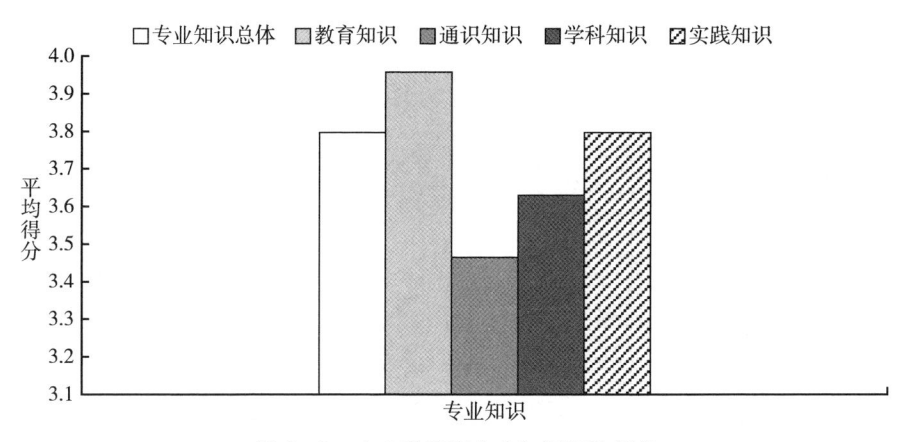

图4-9 中小学教师专业知识平均得分

学评量等知识；教师在教学实践中能够形成教育智慧，即具有实践知识，如注意形成自己独特的教学风格等；教师还具有学科知识，如对学科发展历史与趋势及相关知识的掌握；教师的通识知识水平也较高，即具有的一定科学与人文素养。

②农村教师在专业知识所有维度的得分均显著低于城市教师。

表4-11与图4-10列出了城乡教师在专业知识四个方面的平均数与标准差。下面将采用独立样本t检验的方法，分析教师专业知识的城乡差异。

表4-11 中小学教师专业知识的城乡差异

|  |  | 样本数 | 平均得分 | 标准差 | t值 | 自由度 |
| --- | --- | --- | --- | --- | --- | --- |
| 专业知识总体 | 城市 | 1939 | 3.88 | 0.827 | 7.784*** | 5943 |
|  | 农村 | 4006 | 3.71 | 0.748 |  |  |
| 教育知识 | 城市 | 1944 | 3.99 | 0.788 | 4.355*** | 5949 |
|  | 农村 | 4007 | 3.90 | 0.718 |  |  |
| 通识知识 | 城市 | 1943 | 3.60 | 0.918 | 10.249*** | 5944 |
|  | 农村 | 4003 | 3.36 | 0.789 |  |  |
| 学科知识 | 城市 | 1944 | 3.74 | 0.839 | 9.297*** | 5945 |
|  | 农村 | 4003 | 3.54 | 0.757 |  |  |
| 实践知识 | 城市 | 1945 | 3.86 | 0.814 | 6.618*** | 5947 |
|  | 农村 | 4004 | 3.73 | 0.744 |  |  |

注：*** 表示 p<0.001。

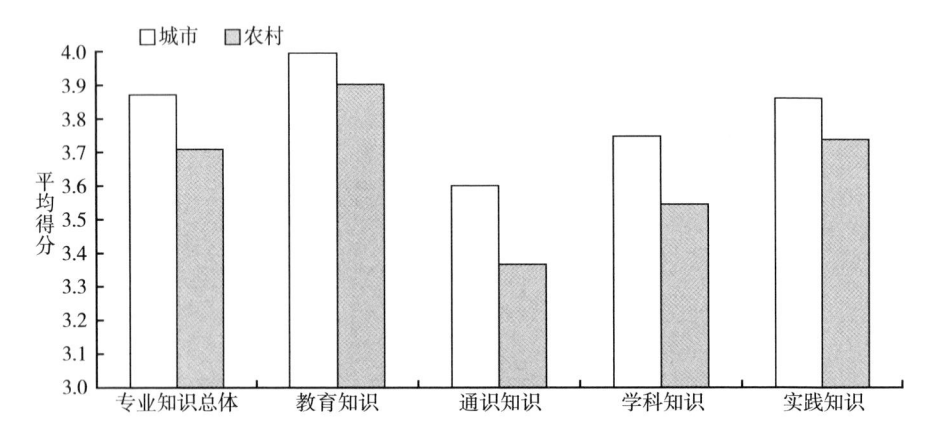

图4-10 中小学教师专业知识的城乡差异

t 检验表明，教师在专业知识总体及其四个方面都表现出非常显著的城乡差异，城市教师得分均显著高于农村教师。

（5）中小学教师专业自主发展意识情况分析

①教师专业自主发展意识整体水平一般，需要提升自主规划意识。

根据教师专业发展问卷，教师专业自主发展意识分为自主学习和自主规划等两个维度，符合程度越高，被试自评分值越高（赋值为1~5分）。计算被试在专业自主发展意识两个方面自评的平均得分，可以进行专业自主发展意识的比较。

从表4-12与图4-11可以看出，在教师专业自主发展意识的各维度中，教师自我报告的平均得分范围为3~4。在教师自主发展意识的两个具体方面，得分从高到低依次是自主学习、自主规划。

表4-12　中小学教师专业自主发展意识平均得分

|  | 样本数 | 平均得分 | 标准差 |
| --- | --- | --- | --- |
| 专业自主发展意识总体 | 5950 | 3.23 | 0.984 |
| 自主学习 | 5961 | 3.86 | 0.775 |
| 自主规划 | 5956 | 3.69 | 0.798 |

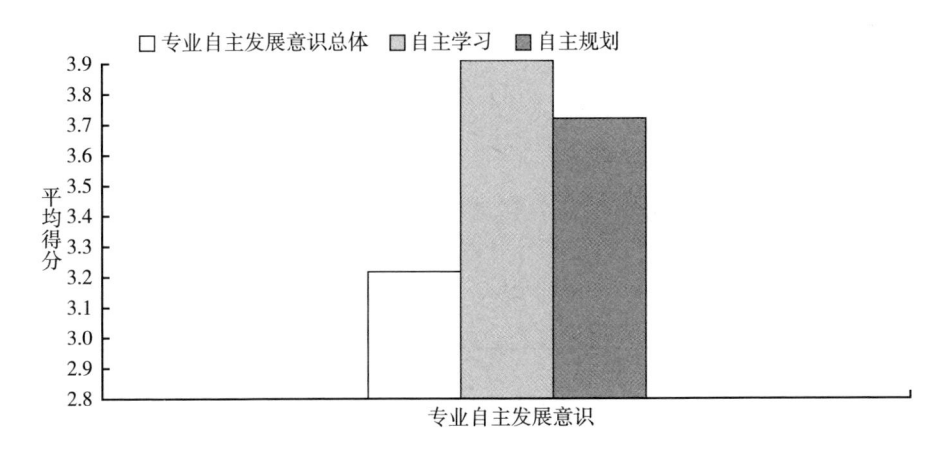

图4-11　中小学教师专业自主发展意识平均得分

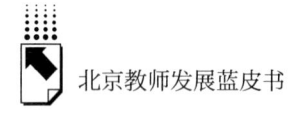

进一步分析，说明中小学教师具有自主学习的意识，能够借助一切机会进行学习与自我提升，但是在自我发展整体规划方面有待进一步提升，需要职业发展规划培训等。

②农村教师专业自主发展意识的所有维度均显著低于城市教师。

表4-13与图4-12列出了城乡教师在专业自主发展意识两个方面的平均数与标准差。下面采用独立样本t检验的方法，分析教师专业自主发展意识的城乡差异。

表4-13 中小学教师专业自主发展意识的城乡差异

|  |  | 样本数 | 平均得分 | 标准差 | t值 | 自由度 |
| --- | --- | --- | --- | --- | --- | --- |
| 专业自主发展意识总体 | 城市 | 1940 | 3.40 | 1.032 | 9.513*** | 5939 |
|  | 农村 | 4001 | 3.15 | 0.949 |  |  |
| 自主学习 | 城市 | 1946 | 3.95 | 0.807 | 6.405*** | 5950 |
|  | 农村 | 4006 | 3.82 | 0.755 |  |  |
| 自主规划 | 城市 | 1945 | 3.82 | 0.846 | 8.728*** | 5945 |
|  | 农村 | 4002 | 3.62 | 0.767 |  |  |

注：*** 表示 $p<0.001$。

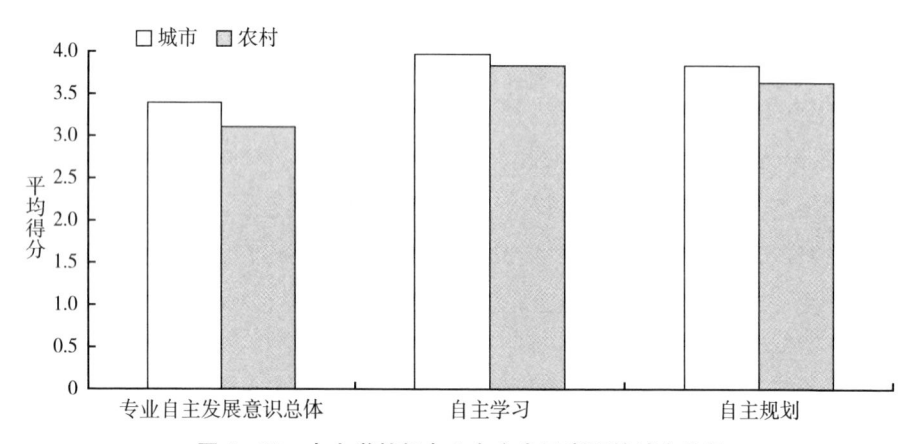

图4-12 中小学教师专业自主发展意识的城乡差异

t检验表明，专业自主发展意识总体及其两个方面都表现出非常显著的城乡差异，城市教师得分均显著高于农村教师。

## （二）北京市中小学教师参加培训的状况

1. 中小学教师培训层次的城乡差异

表4-14列出了城乡教师对不同培训层次选择的人数与比重。下面采用卡方检验的方法，分析培训层次的城乡差异。

表4-14 中小学教师培训层次的城乡差异

单位：人，%

| | 城市 | | | | 农村 | | | | $\chi^2$值 | 自由度 |
|---|---|---|---|---|---|---|---|---|---|---|
| | 选择 | | 未选择 | | 选择 | | 未选择 | | | |
| | 人数 | 比重 | 人数 | 比重 | 人数 | 比重 | 人数 | 比重 | | |
| 国外培训 | 23 | 1.16 | 1958 | 98.84 | 13 | 0.32 | 4049 | 99.68 | 15.904*** | 1 |
| 国家级培训 | 49 | 2.47 | 1932 | 97.53 | 75 | 1.85 | 3987 | 98.15 | 2.606 | 1 |
| 市级培训 | 192 | 9.69 | 1789 | 90.31 | 484 | 11.92 | 3578 | 88.08 | 6.625 | 1 |
| 区级培训 | 665 | 33.57 | 1316 | 66.43 | 1740 | 42.84 | 2322 | 57.16 | 47.730*** | 1 |
| 校本培训 | 100 | 5.05 | 1881 | 94.95 | 399 | 9.82 | 3663 | 90.18 | 40.074*** | 1 |

注：*** 表示 $p<0.001$。

表4-14表明，中小学教师培训以区级培训为主，选择国外培训的比例城市显著高于农村，选择区级和校本培训的比例农村显著高于城市。为了进一步了解不同地域教师对不同层次培训的收获和感受，笔者进行了培训收获的城乡差异卡方检验分析。

表4-15 中小学教师不同培训层次收获感受的城乡差异

单位：%

| 培训层次 | | 培训收获 | | | | | $\chi^2$值 | 自由度 |
|---|---|---|---|---|---|---|---|---|
| | | 更新观念 | 开阔视野 | 新方法 | 解决实践问题 | 更了解学生 | | |
| 国外培训 | 城市 | 33.3 | 0 | 33.3 | 33.3 | 0 | 0.875 | 3 |
| | 农村 | 25.0 | 0 | 25.0 | 25.0 | 25.0 | | |
| 国家级培训 | 城市 | 10.0 | 15.0 | 25.0 | 45.0 | 5.0 | 5.979 | 5 |
| | 农村 | 31.0 | 13.8 | 10.3 | 31.0 | 6.9 | | |

续表

| 培训层次 || 培训收获 |||||  $\chi^2$ 值 | 自由度 |
|---|---|---|---|---|---|---|---|---|
| ^ | ^ | 更新观念 | 开阔视野 | 新方法 | 解决实践问题 | 更了解学生 | ^ | ^ |
| 市级培训 | 城市 | 28.8 | 6.8 | 24.7 | 37.0 |  | 8.466 | 7 |
| ^ | 农村 | 30.9 | 15.2 | 18.1 | 29.4 | 3.4 | ^ | ^ |
| 区级培训 | 城市 | 21.2 | 13.3 | 20.5 | 39.6 | 3.8 | 3.662 | 6 |
| ^ | 农村 | 22.8 | 15.4 | 19.1 | 37.6 | 2.4 | ^ | ^ |
| 校本培训 | 城市 | 33.3 | 17.9 | 15.4 | 23.1 | 2.6 | 10.818** | 5 |
| ^ | 农村 | 20.8 | 21.4 | 17.7 | 33.3 | 5.7 | ^ | ^ |

注：** 表示 $p<0.01$。

通过表4-15可知，教师在校本培训方面的感受和收获城乡差异显著，对于其他层次培训的感受城乡差异不显著。调研发现，农村教师希望开展校本培训，这样有利于解决学校和教师教学实践中遇到的真实问题，提升教育教学质量；有利于将校外参加培训学习的成果在学校内辐射与转化，促进市、区、校各级培训系统联动；有利于缓解教师培训的工学矛盾，提高培训的效率和效益；有利于学校形成良好的学习共同体和专业发展生态环境，促进学习型组织的建设。

**案例4-1 培训必须使教师行为改变，基于校本的培训才是有效培训**

区培训中心副主任：培训必须使教师行为改变，才是有效培训。仅靠讲座是无效的，教师往往听的时候心潮澎湃，用的时候无从下手。如果没有一系列的后续跟踪指导，再新的理念，在实践中必然回归旧模式。培训应该是基于校本的诊断式跟踪培训。好的培训，必须有学校组织管理的支持。校长要有需求，好的培训要有申报和选拔的过程，这是一个相互认同的过程。有位专家选择我区三所小学做成一个项目。每个月去学校去一次，直接进入课堂，在说课、评课过程中给教师做培训。从数学学科切入，低年级语数包班，就把语文教师也带动起来了。这样，慢慢地核心研究人员就培养出来了。校本教研改革得特别好，学科带动学校组织管理变化。项目开展了一年，后来又跟踪了一年，效果特别好。有的教师已经可以在核心期刊发表文章了，组合学校间也可以相互学习、相互带动。借助一个大的培训主题，带动了整个教师队伍的发展。

调研还发现，农村教师长期处在相对封闭的环境，因此亟须京外、境外培训的机会，开阔眼界。外出培训是农村教师扩大交流与合作的重要途径，是加强教师队伍建设、更新教育理念和创新教学模式的重要手段。培训为教师提供了一个开阔视野、学习先进、启发思维、反思自我的学习机会，并使受训教师将培训成果运用到学校的教育教学改革实践中去。

**案例4-2 要让学生学会探索，先要给我们教师探索的机会**

农村小学教师：农村学生家庭条件有限，孩子们的知识都是从学校获取的。有一次，我讲中山公园，我们班只有一两个孩子去过。现在社会实践课的开设特别好，可以让我们的学生去国家博物馆等参观，开阔他们的视野，这和看视频与PPT完全不同。我们教师和孩子一样，现在很多先进的教育教学理论，都是在专家口中，在书上，到底怎么操作，我们也需要实地学习，效果完全不一样。要让学生学会探索，先要给我们教师探索的机会。

**案例4-3 作为英语教师，去美国培训三周受益匪浅**

农村中学教师：我教了20年英语，有机会去美国培训了三周，受益匪浅。首先是口语和听力水平迅速提升，我们都是住在外国教师的家里，24小时英文交流，短时间内口语和听力都有突破；其次是了解了美国课堂教学，以前总说美国实行走班制，课堂以讨论为主，现在终于看见了，大有启发。

2. 城乡教师不愿参加培训的原因

表4-16列出了城乡教师不愿参加培训原因的选择人数与比重。下面采用卡方检验的方法，分析城乡差异。

表4-16 中小学教师不愿参加培训的城乡差异

单位：人，%

| 不愿参加培训的原因 | | 城市 | 农村 | $\chi^2$ 值 | 自由度 |
|---|---|---|---|---|---|
| 找不到人代课 | 人数 | 390 | 766 | 0.834 | 1 |
| | 比重 | 20.1 | 19.1 | | |
| 缺少培训经费 | 人数 | 291 | 344 | 56.525*** | 1 |
| | 比重 | 15.0 | 8.6 | | |
| 交通不便 | 人数 | 253 | 647 | 9.748** | 1 |
| | 比重 | 13.0 | 16.1 | | |
| 培训集中于少数人 | 人数 | 560 | 1137 | 0.167 | 1 |
| | 比重 | 28.8 | 28.3 | | |
| 缺少培训信息 | 人数 | 489 | 963 | 1.002 | 1 |
| | 比重 | 25.2 | 24.0 | | |

注：*** 表示 $p<0.001$，** 表示 $p<0.01$。

通过表4-16可知，教师不愿参加培训的主要原因，选择缺少培训经费的城市教师显著多于农村教师，选择交通不便的农村教师显著多于城市教师。

通过调研发现，在培训方式上，农村教师希望利用学校先进的硬件设施进行远程贴身培训，例如远程的同课异构、网上答疑、微信互动等，这样可以在获得有效指导的同时免去长途奔波之苦。

## 案例4-4 借助网络，天涯若比邻

农村小学校长：我们学校现在硬件设施可好了。教室没有黑板，全是触摸屏。两个实验室、三个计算机房，校园网全覆盖。我们研发了软件，与市内知名小学联网，对方的教学活动向我们开放，我们可以在自己学校看直播，这样全校师生都好像亲临现场一样。教师们希望能打通全市乃至全国的网络教育资源，培训者的资源库可以扩大，建立全国专家、优秀教师资源库。足不出户，在网络上进行教研，与名师交流，在线答疑。

## 四 促进农村中小学教师专业发展的路径

### （一）落实乡村教师支持计划，实施"乡村教师素质提升计划"

从问卷调查结果来看，农村教师的专业知识和专业能力显著低于城市教师。为此，建议北京市区教育行政部门在贯彻落实《乡村教师支持计划（2015—2020）》时，着重实施"乡村教师素质提升计划"，以农村中小学教师队伍素质提升作为推动首都教育均衡的重要举措。在具体实施中，北京市区教育培训部门设置专门的农村中小学教师培训项目，增加培训经费投入，按照农村教师的实际需求完善培训内容和培训形式，提高培训的实效性。

### （二）认识专业理念的重要性，加强专业理念培养

可以说，教师有了正确的专业理念，就能在各种环境下把所从事的工作与社会发展紧密联系在一起，把自己的工作与每个学生的生命价值、每个家庭的希望和不幸联系在一起，以强烈的事业心和高度的责任感投身教育事业，从而加快教师专业化进程。然而，从问卷调查结果可知，农村教师缺乏专业理念。因此，建议北京市区教育培训部门在开展农村教师培训时着重加强专业理念方面的培训，让农村教师能够依据《小学教师专业标准（试行）》《中学教师专业标准（试行）》中的要求，遵循学生身心发展特点和教育教学规律，强化立德树人在教育教学中的根本任务，树立正确的儿童教育观，提高对教师职业的认识，不断提升个人修养，做学生健康成长的指导者和引路人。

### （三）开展校本研修，提升农村教师专业素质

校本研修是教师专业发展的重要形式。开展校本研修，既能有效缓解农村教师工学矛盾突出的问题，又有助于解决学校和教师在教育教学实践中遇到的现实问题。因此，建议北京市各区教育行政部门重视农村学校的校本研

修工作，组织教研员或相关专家到农村学校指导教研工作，开展农村学校教学干部和教研组长的专业培训，完善教研活动制度和内容，改进教研活动形式，提高教研活动的专业化水平，从而不断提升农村教师专业知识和专业能力。

**（四）加强职业生涯规划引领，提升教师自主发展能力**

教师职业生涯规划不仅能够为教师制定自我发展、自我实现的路线图，让教师预期自我发展、自我实现的前景和成果，还可以帮助教师减少自我发展的盲目性，在专业发展上少走弯路，提高自我发展的效能感、成就感和幸福感。因此，针对农村教师缺乏自主发展能力的问题，建议北京市各区教研部门和各学校要加强对农村教师的职业生涯规划培训，为每一位教师的发展提供相应的专业支持，引领教师开展自我评估，让每一位教师认识到自己所处的职业发展阶段，确定发展目标，制订行动计划与措施，不断提升自主发展能力。在具体实施中，学校要与教师一起制定1年短期规划和3~5年的长期规划，向教师清楚描绘出学校发展目标，让教师依据学校发展目标和自身发展规划确定个人的具体发展目标，并在教师发展目标的实现过程中给予持续追踪和支持，从而促进教师的专业发展。

**（五）实施"互联网+美丽乡村教育"项目，开展有效的远程教师培训**

远程培训是解决教师培训空间问题的重要形式。就北京市而言，当前农村学校信息化建设已经较为完善，为远程教师培训提供了有利的条件。针对农村教师因交通不便不能参加培训的问题，建议实施"互联网+美丽乡村教育"项目，一方面，通过网络将优质教育资源输送到偏远农村学校，实现城乡网络资源共享，农村和城市师生可以同上一节课，"一张课表、一根网线、一台电脑"，促进农村教师的教学质量提升；另一方面，加强教师培训网络课程建设，整合优质教师培训网络资源，为农村教师的专业发展提供强有力的资源支撑。

# B.5
# 北京市农村中小学教师工作生活状况调查报告

赖德信*

**摘 要：** 长期以来，农村中小学教师工资待遇低、生活条件差、专业发展机会少，很多高校毕业生或在职教师不愿意到农村学校任教，影响了城乡教育的均衡发展。本报告根据教师人口的特征、学校办学性质、学校所属区域等因素，采用分层抽样与随机抽样相结合的方法，对北京市农村中小学教师的工作、生活状况进行了调查。研究发现，北京市农村学校办公条件得到了较大程度的改善，办学各具特色，住宿条件明显改善，交通条件总体良好，教师医疗保障体系完善，教师工资水平得到了大幅度的提升，教师工资差距进一步缩小，教师总体幸福感相对较高，但教师工作时间与强度有进一步加长与加大的趋势。

**关键词：** 农村中小学教师 工作生活状况 北京

党的十九大报告指出："建设教育强国是中华民族伟大复兴的基础工程，必须把教育事业放在优先位置，加快教育现代化，办好人民满意的教育。要全面贯彻党的教育方针，落实立德树人根本任务，发展素质教育，推

---

* 赖德信，北京教育科学研究院教师研究中心副研究员。

进教育公平，培养德智体美全面发展的社会主义建设者和接班人。推动城乡义务教育一体化发展，高度重视农村义务教育……努力让每个孩子都能享有公平而有质量的教育。"[1] 十九大报告进一步指出了发展好农村教育的重要性，发展好农村教育关键在于教师。农村中小学教师工作生活状况对教育发展产生重要的影响，改善农村教师生活状况对于留住农村教师起到非常重要的作用。[2] 因此，关注农村中小学教师的工作生活状况具有重要意义。

## 一 研究思路

为了进一步加强北京市农村中小学教师队伍建设，落实"乡村教师支持计划"，为北京市教师队伍建设提出有针对性的政策措施，课题组对北京市农村中小学教师工作和生活的基本情况进行了调研。

### （一）研究问题

基于以上的研究目的，本报告提出如下研究问题。
（1）农村中小学校园文化建设以及农村教师工作生活状况如何？
（2）城乡教师在工作、生活方面有何差异？

### （二）研究内容

本报告对北京市农村中小学教师的工作生活状况进行实地调研，主要内容有如下九个方面。

（1）农村中小学教师的工作环境，包括校园环境、教室环境、办公条件；（2）农村中小学校园文化，包含办学理念、干群关系以及教师业余生活；（3）农村中小学教师的住宿情况，包括教师午休房的条件、宿

---

[1] 习近平：《决胜全面建成小康社会 夺取新时代中国特色社会主义伟大胜利——在中国共产党第十九次全国代表大会上的报告》，《人民日报》2017年10月8日，第1版。
[2] 赵明仁：《如何解决农村教师"留不住"的问题》，《湖南师范大学教育科学学报》2019年第6期。

舍条件、宿舍洗澡条件、教师购房情况等；（4）农村中小学教师上下班交通情况，包括教师居住的地理位置、乘车所花费的时间、学校提供校车的情况、教师上班使用的交通工具等；（5）农村中小学教师的伙食条件情况，包括学校食堂的条件、伙食营养情况；（6）农村中小学教师的医疗保障情况，包含体检次数、体检机构、体检项目以及学校医疗卫生情况等；（7）农村中小学教师的工作时间与工作强度情况，包括教师起床时间和在校时间、下班后用于个人支配的时间、教师个人支配时间的使用去向等；（8）农村中小学教师的工资待遇情况，主要指的是教师个人年度绩效工资水平以及与其他行业的比较等；（9）农村中小学教师的幸福感情况，主要包括教师基于自身工作和生活的满足感。

## （三）研究方法

本报告采用文献分析法、访谈法与问卷调查法。

（1）文献分析法，旨在了解已有文献，为本报告探讨教师的工作、生活提供有益的参考。

（2）访谈法，在文献分析的基础上，抽取不同特点的教师进行访谈，以了解教师工作、生活的现状与需要。

（3）问卷调查法，旨在了解教师工作、生活的现状与需要，为提出政策建议提供数据支撑。

## （四）研究对象

本报告研究对象为北京市10个郊区的农村中小学教师。在开展问卷调查之前，结合教师的教龄特征、学校性质等因素，课题组研究人员预先对北京市城郊区的70名教师及校长进行了访谈。

本报告根据教师人口的特征、学校办学性质、学校所属区域等，采用分层抽样与随机抽样相结合的方法，抽取了北京市农村中小学6052名教师。实际有效教师被试的特征见表5-1。

表5–1　教师被试人口学特征

单位：人，%

| 类别 | 人数 | 比重 | 缺失值 |
| --- | --- | --- | --- |
| 性别 | | | 228 |
| 　男 | 1505 | 24.9 | |
| 　女 | 4319 | 71.4 | |
| 学校类型 | | | 0 |
| 　小学 | 2546 | 42.1 | |
| 　中学 | 3506 | 57.9 | |
| 学校地理位置 | | | 9 |
| 　城市学校 | 1981 | 32.8 | |
| 　农村学校 | 4062 | 67.2 | |
| 职称 | | | 35 |
| 　小学三级 | 28 | 0.4 | |
| 　小学二级 | 134 | 2.2 | |
| 　小学一级 | 943 | 15.5 | |
| 　小学高级 | 1347 | 22.2 | |
| 　中学三级 | 17 | 0.3 | |
| 　中学二级 | 1101 | 18.2 | |
| 　中学一级 | 1265 | 20.9 | |
| 　中学高级 | 652 | 10.8 | |
| 　未评职称 | 498 | 8.2 | |

注：本次调研抽取北京市10个郊区的教师。城市学校指学校在各区政府所在地，农村学校是指镇政府所在地及村委会所在地学校。

## （五）研究工具

问卷采用五分量表法自编农村中小学教师工作生活状况调查问卷，考察教师工作、生活满意度和幸福感等五个方面的符合程度（非常不满意、比较不满意、比较满意、满意、非常满意），符合程度越高，分值越高（赋值为1~5分）。同时，分别对中小学一线教师、校长以及各区教委主管领导和相关管理者进行了座谈和深度访谈。

## 二 农村中小学教师工作生活状况

### （一）办公条件

根据《国家中长期教育改革和发展规划纲要（2010—2020年）》部署，我国全面启动义务教育学校标准化建设。为此，北京市义务教育阶段学校校园建设得到了较大的改善，尤其是教师的办公室、学生教室和校园整体环境等焕然一新。

在教师工作条件维度中，教师自我报告工作满意度范围为3.35~3.38，属于比较满意程度。t检验结果显示，北京市农村中小学与城市中小学教师的工作条件并没有显著差异（见表5-2、表5-3和图5-1）。

表5-2 北京市城乡中小学教师工作条件满意度

| 区域 | 样本量 | 均值 | 标准差 |
| --- | --- | --- | --- |
| 城市 | 1893 | 3.38 | 1.226 |
| 农村 | 3976 | 3.35 | 1.245 |

表5-3 北京市城乡中小学教师工作条件满意度差异

| | F值 | t值 | 自由度 | p值 |
| --- | --- | --- | --- | --- |
| 工作条件 | 1.793 | 0.598 | 5867.000 | 0.550 |

1. 校园环境

在校园环境改造中，受新建校地址不能确定的影响，只有一小部分学校平房尚未完成改造，绝大多数需要改建的学校已经完成了整体搬迁新建或改扩建。改造后的学校硬件设备都比较完善，配备了室内外运动场所。大部分学校配备了室内综合运动馆、健身房、学生体质监测室、心理咨询室、图书室、乒乓球台、标准操场和塑胶跑道等。因不受土地面积影响，农村学校充分利用宽广的校园，因地制宜地创设校园生态走廊和生活体验基地等综合实践活动场所，美化了校园环境。经过改造建设，农村学校校园办公条件得到了极大改善。

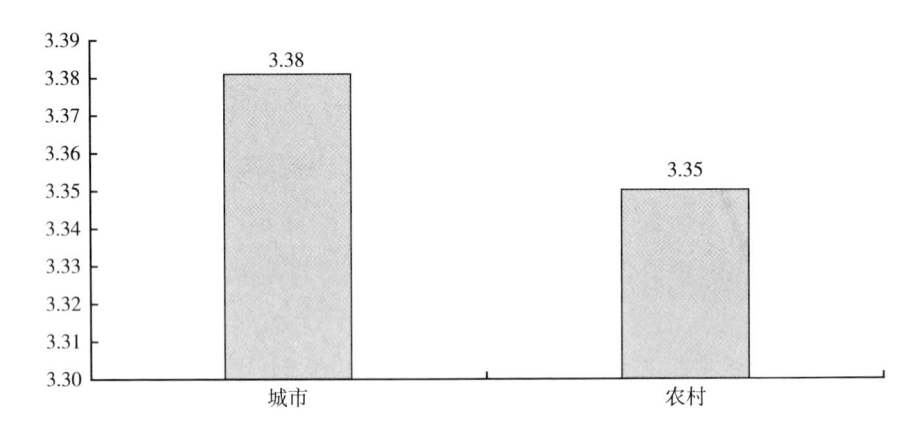

图5-1 北京市城乡中小学教师工作条件满意度

**案例5-1　高校般的中学校园**

某中学校长说："目前，学校教室白板已经淘汰了，全部换成了触摸屏。影视教室可以看3D电影。学校新建了一个400米标准跑道的操场，塑胶跑道，四周配有探照灯，晚上可以运动。还有一个多功能室内综合馆以及瑜伽舞蹈教室，教师不管刮风下雨都可以锻炼身体。教师宿舍有空调，夏天不怕热，冬天不怕冷。"

2. 教室条件

经过改造，大部分农村学校的教学楼设施配备完善，教学条件大为改善。每间教室均配备了新式书桌，同时补充配备了各种专用教室，比如图书阅览室、书画教室、音乐教室、多媒体教室、舞蹈室、体育健康教室和实验室等。良好的教学设备能够有效地保障教育教学活动的高效开展（见图5-2、图5-3）。

3. 教师办公条件

农村学校教师办公室条件总体良好。办公室宽敞、明亮，并配备了空调和其他采暖设备,办公桌上的台式电脑、无线网络设备样样齐全,基本上为每位教师配备了个人笔记本电脑。

图 5-2 某中学舞蹈教室

图 5-3 某中心小学茶艺室

## （二）校园文化及教师工作生活状况

### 1. 办学理念和特色

农村学校虽然地处农村山区，但每所学校都根据本地文化或产业特色，形成了各自的办学理念或办学特色。

**案例5-2　让田园式学校成为学生成长的乐园、教师温馨的家园**

某中心小学校长说："我们学校坐落在西南方，永定河畔，素有'西瓜之乡'的美誉。结合我们农村学校的特点，经过学校领导集体智慧的创新，确定了'田园式'办学方向，极大地改善了校园环境，加强了校园文化建设。在此基础上，学校领导集体进一步深入思考，进而提出了'田园教育'的办学思想。引导学生从小认识田园、体验田园、热爱田园、创建田园、心向田园，让'田园式'学校成为学生成长的乐园；以教师为本，发展每一名教师，让'田园式'学校成为教师温馨的家园。"（见图5-4和图5-5）

图5-4　某中心小学体验基地

图5-5 某中心小学学生田园体验

2. 干群关系

良好的干群关系有助于学校良好校园文化的创建，同时，良好的校园文化也有利于建立良好的干群关系。调研发现，大部分农村学校教职工来自当地农村，教师之间有的存在师生关系，有的甚至为亲戚或邻居。因此，农村学校教师人际关系相对简单，干群关系普遍良好。

在教师人际关系维度中，教师自我报告的满意度范围为4.25~4.36，属于满意程度，显示城乡学校教师的人际关系良好。t检验结果显示，城市学校教师人际关系显著弱于农村学校教师人际关系。统计结果符合实地调研中教师的座谈反馈信息（见表5-4、表5-5、图5-6）。

表5-4 北京市城乡中小学教师工作人际关系满意度

| 区域 | 样本量 | 均值 | 标准差 |
| --- | --- | --- | --- |
| 城市 | 1923 | 4.25 | 0.958 |
| 农村 | 4002 | 4.36 | 0.947 |

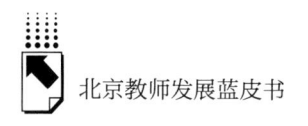

表5-5 北京市城乡中小学教师工作人际关系满意度差异

| | F值 | t值 | 自由度 | p值 |
|---|---|---|---|---|
| 工作中人际关系 | 0.018 | -7.734 | 5924.000 | 0.000 |

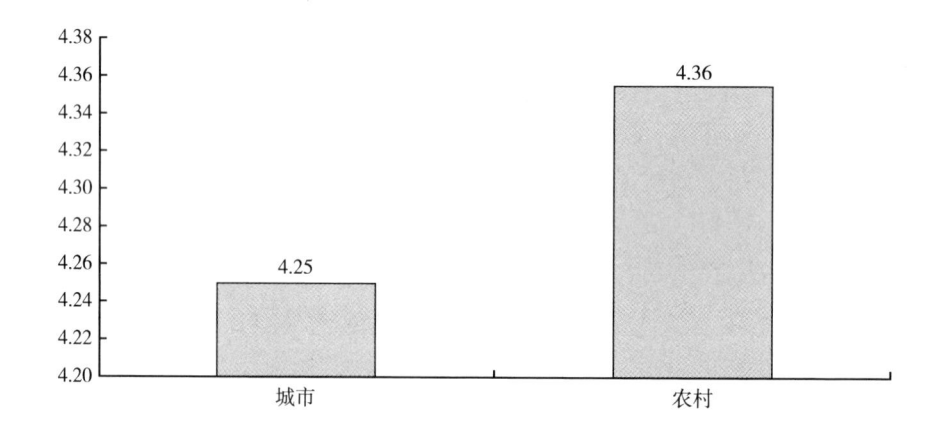

图5-6 北京市城乡中小学教师工作人际关系满意度

城市：4.25　农村：4.36

### 案例5-3 良好的干群关系有助于事情快速解决

某小学校长说："我们老师都住在学校，相处融洽，我和老师们没事儿聊聊天，出去遛弯，散散步。同时，我们学校老师有一个微信群，老师在里面可以发表自己的想法、意见和建议。这个微信群拉近了老师间的距离。尤其是年轻老师这种生活状态我挺满意的。很多事情，制度上解决不了的，因为互相之间关系不错，我不用做太多思想工作，老师就直接去做了。"

3. 工会生活

虽然农村学校远离市中心，地处偏远山区或平原地区，但学校教师的业余生活丰富多彩。学校工会经常组织一些体育活动，比如拔河比赛、乒乓球赛、爬山活动等，这些活动不但促进了教师之间的交流，还能缓解工作压力。

**案例 5-4　业余生活丰富多彩，缓解教师疲劳**

某中学校长说："我校是一所寄宿制学校，44名教师中有31人住宿。因此，学校工会举办了各种各样的文体活动，如冬季长跑、拔河、跳绳、爬山、打乒乓球、打台球等，让老师们缓解疲劳。另外，我们每周要求老师有固定的时间去趟健身房，白天孩子用，晚上老师用，锻炼身体。"

**案例 5-5　生日送祝福，温暖教师心**

某学校教师说："学校工会在我生日那天买了蛋糕，教研室的同事们为我过生日，还送了祝福语，我太感动了！这些活动虽然细微，但是作为我们老师就很感动，最起码学校领导能想到大家，能为我们做些什么。"

4.住宿条件

本报告对教师的住房满意度情况进行了统计，结果显示教师住房满意度范围为3.35~3.38，属于比较满意程度。t检验结果显示，城乡中小学教师住宿条件并没有显著差异（见表5-6、表5-7、图5-7）。

表5-6　北京市城乡中小学教师住房条件满意度

| 区域 | 样本量 | 均值 | 标准差 |
| --- | --- | --- | --- |
| 城市 | 1893 | 3.38 | 1.226 |
| 农村 | 3976 | 3.35 | 1.245 |

表5-7　北京市城乡中小学教师住房条件满意度差异

|  | F值 | t值 | 自由度 | p值 |
| --- | --- | --- | --- | --- |
| 个人住房条件 | 1.793 | 0.598 | 5867.000 | 0.550 |

校园改造建设极大地改善了农村中小学寄宿制学校教师住宿条件。目前，教师宿舍都配备了空调、电视和冬季的取暖设备，也有不少农村寄宿制学校为教师配备了洗衣机。尽管如此，宿舍的舒适程度仍有待提高。比如，

教师的午休房仍然比较紧张；住校教师多，宿舍比较拥挤；不少学校仍然不能提供洗澡设备；等等。

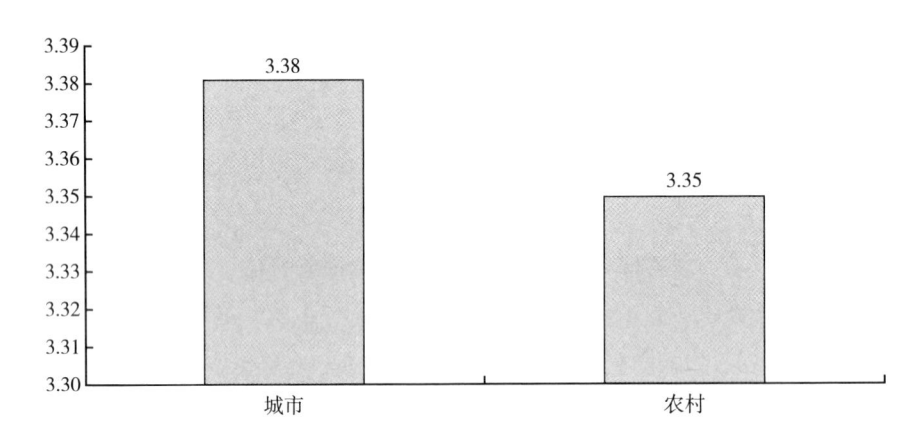

图 5-7 中小学教师住房条件满意度

5. 午休房条件

统计显示，大部分城乡中小学教师都有午休习惯，休息场所主要有办公室、宿舍、家和教室等。具体来说，城市中小学校71.5%的教师会进行午休，其中，在宿舍休息的教师占28.2%，在办公室休息占18.8%，在教室休息占1.7%，在家休息占18.1%，无固定地点休息占4.7%；农村学校79.9%的教师会进行午休，其中，在宿舍休息的教师占49.6%，在办公室休息占14.1%，在教室休息占1.6%，在家休息占10.9%，无固定地点占3.7%（见表5-8）。

表 5-8 北京市城乡中小学校午休场地

单位：%

| 区域 | 教师中午休息场地 ||||||  合计 |
| --- | --- | --- | --- | --- | --- | --- | --- |
|  | 不休息 | 宿舍 | 办公室 | 教室 | 在家 | 无固定地点 |  |
| 城市 | 28.5 | 28.2 | 18.8 | 1.7 | 18.1 | 4.7 | 100.0 |
| 农村 | 20.1 | 49.6 | 14.1 | 1.6 | 10.9 | 3.7 | 100.0 |

6. 宿舍条件

调查数据显示，93.6%的城市学校能够为教师提供宿舍，96.4%的农村学校能为教师提供宿舍。但是，从宿舍情况来看，城市学校明显好于农村学校。具体来说，城市学校宿舍单人间占40.9%，两人间占1.6%，三人间占9.8%，四人间及以上占41.3%；农村学校宿舍单人间占20.5%，两人间占1.4%，三人间占14.3%，四人间及以上占60.2%（见表5-9）。

表5-9 北京市城乡中小学校宿舍条件

单位：%

| 区域 | 不提供宿舍 | 单人间 | 两人间 | 三人间 | 四人间及以上 | 合计 |
| --- | --- | --- | --- | --- | --- | --- |
| 城市 | 6.4 | 40.9 | 1.6 | 9.8 | 41.3 | 100.0 |
| 农村 | 3.6 | 20.5 | 1.4 | 14.3 | 60.2 | 100.0 |

实地调研发现，目前大部分农村寄宿制学校教师2人甚至更多人住一间宿舍。几位教师长期住在一起，会带来诸多不便。一方面，几位教师住在同一房间，住房空间过于拥挤。同时，宿舍里没有独立厨房，教师自己无法做饭。另一方面，多人住在一间宿舍，根本没有自己的独立空间，教师个人隐私安全情况堪忧。因此，拥挤的宿舍会使住宿舒适度大打折扣。

7. 宿舍洗澡情况

从宿舍的洗澡条件来看，农村学校条件好于城市学校。具体来说，城市40.4%的中小学校不提供宿舍，30.7%的学校提供宿舍但不能洗澡，28.9%的学校提供宿舍且可以洗澡；而只有14.9%的农村学校不提供宿舍，44.3%的学校提供宿舍但不能洗澡，40.8%的学校提供宿舍且可以洗澡（见表5-10）。

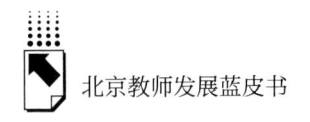

表5-10　北京市城乡中小学校宿舍提供及洗澡条件

单位：%

| 区域 | 不提供宿舍 | 提供宿舍但不可以洗澡 | 提供宿舍且可以洗澡 | 合计 |
| --- | --- | --- | --- | --- |
| 城市 | 40.4 | 30.7 | 28.9 | 100.0 |
| 农村 | 14.9 | 44.3 | 40.8 | 100.0 |

8. 教师购房情况

从教师购房情况来看，城市学校23.4%的教师没有购房，农村学校30.2%的教师没有购房。在城市学校中，61.3%的教师购买了商品房，10.5%的教师购买了政策性住房（经济适用房、自住房和两限房），4.8%的教师购买了小产权房；在农村学校，57.9%的教师购买了商品房，8.4%的教师购买了政策性住房（经济适用房、自住房和两限房），3.5%的教师购买了小产权房（见表5-11）。

表5-11　北京市城乡中小学教师购房情况

单位：%

| 区域 | 未购房 | 商品房 | 政策性住房（经适、自住、两限房） | 小产权房 | 合计 |
| --- | --- | --- | --- | --- | --- |
| 城市 | 23.4 | 61.3 | 10.5 | 4.8 | 100.0 |
| 农村 | 30.2 | 57.9 | 8.4 | 3.5 | 100.0 |

### 案例5-6　学校住房改成一居室有戏吗？

某农村小学教师说："我老家也是农村的，平时回不了家，所以我周一至周五都要住校。目前，我们2位教师住在同一间宿舍。新校长来了以后，对教师宿舍进行了更新改造，宿舍里配备了取暖设备，也装了空调和电视，基本住宿是没有问题，条件应该说比以前有了很大的改善。但是，房间还是比较拥挤，有朋友或熟人来聚聚也没有独立空间。另外，平时想改善下伙食，没有独立的厨房。"

图 5－8　某农村小学教师宿舍

图 5－9　某农村中学教师宿舍

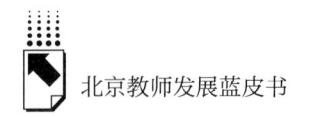

**案例 5-7  我们教师的心声——建教师周转房**

某农村小学校长说:"我们学校也为住校教师提供宿舍,基本条件也还可以。但是我作为一个校长,想得更多的是如何让我们的教师安心在我校工作。这其中最为重要的是给教师一个稳定的'家'——住房。我代表我校教师呼吁政府部门出台一个教师周转房政策,给新来的、无能力购房的教师提供一个过渡的住所,解决教师的燃眉之急。"

图 5-10  某农村小学教师宿舍

图 5-11  某农村中心小学教师宿舍

## （三）交通条件

在本次调研中，交通问题是大家普遍最为关心的话题之一。在北京市10个偏远郊区中有7个处于山区，而通往城区的班车又少，加上大部分山区学校教师都住在城区，因此山区学校教师每天来回上下班的交通就成了一个大问题。目前，大部分学校想方设法通过各种方式基本解决了教师上下班的交通问题。本部分对教师的交通条件满意度、教师居住的地理位置、教师乘车花费的时间、学校校车的提供情况以及教师上班使用交通工具情况进行统计。

调查结果显示，在交通条件方面，城乡中小学教师自我报告满意度范围为3.45~3.56，属于比较满意程度。t检验结果显示，农村学校交通条件显著差于城市学校（见表5-12、表5-13、图5-12）。

表5-12 北京市城乡中小学教师交通条件满意度

| 区域 | 样本量 | 均值 | 标准差 |
| --- | --- | --- | --- |
| 城市 | 1888 | 3.56 | 1.166 |
| 农村 | 3975 | 3.45 | 1.244 |

表5-13 北京市城乡中小学教师交通条件满意度差异

| | F值 | t值 | 自由度 | p值 |
| --- | --- | --- | --- | --- |
| 交通条件 | 14.045 | 3.247 | 3933.360 | 0.001 |

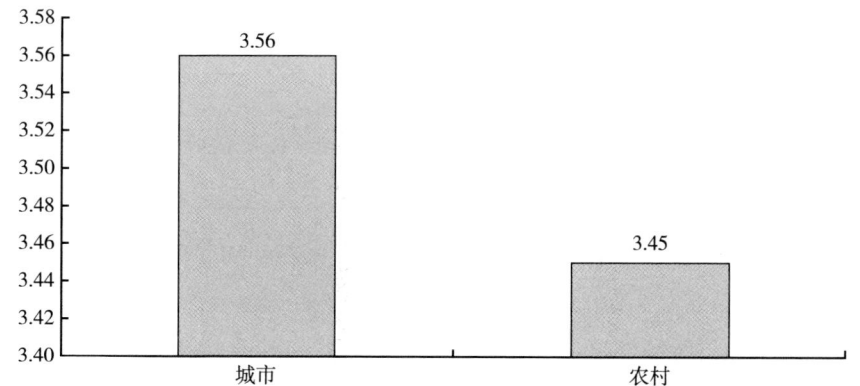

图5-12 北京市城乡中小学教师交通满意度

每个区根据财政经费投入的不同，在解决教师交通问题时所采用的办法也不完全相同。经济条件好的区，安排财政经费统一购置校车并分配到学校，从根本上解决了教师上下班的交通问题。经济发展水平相对差的区，将学校交通专项补贴用于学校自行租车的支出，或与区交通部门协商，调配相关线路的公交车，按时定点接送教师上下班。

1. 教师居住的地理位置

从教师居住地理位置来看，27.0%的教师居住在城市地区，73.0%的教师居住在农村地区（见表5-14）。

表5-14 北京市城乡中小学教师居住地理位置分布

单位：%

| 地理位置 | 频数 | 有效占比 |
| --- | --- | --- |
| 城市 | 1607 | 27.0 |
| 农村 | 4355 | 73.0 |
| 合计 | 5962 | 100.0 |

2. 乘车花费时间情况

调查显示，城市学校教师乘车从家到学校花费时间在0.5小时以内的占56.8%，0.5~1小时占31.5%，1小时以上占11.7%；农村学校教师乘车从家到学校花费时间在0.5小时以内的占42.9%，0.5~1小时占35.6%，1小时以上占21.5%（见表5-15）。

表5-15 北京市城乡中小学教师从家到学校乘车时间统计

单位：%

| 区域 | 0.5小时以内 | 0.5~1小时 | 1小时以上 | 合计 |
| --- | --- | --- | --- | --- |
| 城市 | 56.8 | 31.5 | 11.7 | 100.0 |
| 农村 | 42.9 | 35.6 | 21.5 | 100.0 |

3.学校校车提供情况

统计数据显示，城市学校提供校车的比例为42.1%，不提供校车的比例为57.9%；农村学校提供校车的比例为52.2%，不提供校车的比例为47.8%（见表5-16）。

表5-16 北京市城乡中小学校提供班车情况

单位：%

| 区域 | 提供 | 不提供 | 合计 |
| --- | --- | --- | --- |
| 城市 | 42.1 | 57.9 | 100.0 |
| 农村 | 52.2 | 47.8 | 100.0 |

4.上班使用交通工具情况

通过对教师上班交通工具的调查发现，班车、私家车和自行车是目前教师上班最为主要的三种交通工具，农村学校教师以班车和私家车为主，城市学校教师以私家车和自行车为主。

具体来说，城市学校教师上班使用交通工具分布排列顺序分别为自行车（26.9%）、私家车（20.2%）、步行（19.2%）、公共汽车（17.9%）、班车（13.4%）、电动车或摩托车（1.5%）、其他交通工具（0.6%）、出租车（0.3%）；农村学校教师上班使用交通工具分布排列顺序分别为私家车（22.8%）、班车（22.7%）、自行车（19.4%）、公共汽车（19.2%）、步行（12.9%）、电动车或摩托车（2.1%）、其他交通工具（0.8%）、出租车（0.1%）（见表5-17）。

表5-17 北京市城乡中小学教师上班使用交通工具情况

单位：%

| 区域 | 步行 | 自行车 | 公共汽车 | 私家车 | 班车 | 出租车 | 电动车或摩托车 | 其他 | 合计 |
| --- | --- | --- | --- | --- | --- | --- | --- | --- |
| 城市 | 19.2 | 26.9 | 17.9 | 20.2 | 13.4 | 0.3 | 1.5 | 0.6 | 100.0 |
| 农村 | 12.9 | 19.4 | 19.2 | 22.8 | 22.7 | 0.1 | 2.1 | 0.8 | 100.0 |

### (四) 伙食条件

目前，农村学校配有学生和教师的专用食堂，并配有专用厨师，食堂干净整洁。调查显示，有74.2%的城市学校能为教师提供伙食，其中16.9%的学校提供一顿午餐，45.9%的学校提供早、午两餐，11.4%的学校提供早、中、晚三餐；89.1%的农村学校能为教师提供伙食，其中20.5%的学校提供一顿午餐，50.1%的学校提供早、午两餐，18.5%的学校提供早、中、晚三餐（见表5-18）。

表5-18 北京市城乡中小学校伙食提供情况

单位：%

| 区域 | 不提供伙食 | 提供一餐 | 提供两餐 | 提供三餐 | 合计 |
| --- | --- | --- | --- | --- | --- |
| 城市 | 25.8 | 16.9 | 45.9 | 11.4 | 100.0 |
| 农村 | 10.9 | 20.5 | 50.1 | 18.5 | 100.0 |

图5-13 某农村中学教职工食堂

图 5-14 某农村小学教职工食堂

在实地调研中,我们发现,由于受经费限制,不少学校教师指出,食堂伙食质量普遍偏低,肉类菜品少,蔬菜品种多,而且营养不高。

### 案例 5-8　期待午餐从吃饱到吃好

某小学校长说:"目前,因经费不足,学校只雇用了一位厨师,工资每月 2400 元,但手艺不行。学校提供午餐,一荤一素,一份主食,午饭 3 元一顿。我们是希望从吃饱向吃好迈进。"

### 案例 5-9　教师午餐补贴可灵活些

某小学教师说:"我们学校早餐是咸菜、酱豆腐、粥、豆浆和馒头,午餐以素菜为主,晚饭就得晚上 7 点以后了。由于在学校中午吃不好,晚上就得吃多点,但这样对身体不利。我们希望补贴发到教师手里,教师可以自己带一些水果、蔬菜。"

### 案例 5-10　希望给予教师午餐补贴

某小学校长说:"食堂招聘也是很麻烦的事情,学校规模不大。目前各个

校址采取招聘一些学过厨艺的人，或者教师来做饭。每顿饭花3块钱，饭菜质量很一般，和县城没法比。午饭没有补助，希望给山区教师发放餐食补助。"

图5-15　某中学食堂菜谱

### （五）医疗条件

在医疗条件方面，统计结果显示，教师医疗条件满意度自我报告的范围为3.30~3.35，属于比较满意程度。t检验结果显示，农村学校和城市学校教师对医疗条件的满意度没有显著差异（见表5-19、表5-20、图5-16）。但是，对城乡学校教师对社会保障方面的满意度差异分析发现，农村学校教师对社会保障的满意度高于城市学校教师，而且差异比较显著。这主要得益于全市社会医疗保障制度改革的推行，全面实现了全市统一的城乡社会保障，农村教师对社保改革敏感度较高，从而有较高的满意度（见表5-21、表5-22、图5-17）。

表5-19　北京市城乡中小学教师医疗条件满意度

| 区域 | 样本量 | 均值 | 标准差 |
| --- | --- | --- | --- |
| 城市 | 1919 | 3.30 | 1.122 |
| 农村 | 4001 | 3.35 | 1.144 |

表 5-20　北京市城乡中小学教师医疗条件满意度差异

|  | F 值 | t 值 | 自由度 | p 值 |
|---|---|---|---|---|
| 医疗条件 | 4.702 | -1.718 | 3848 | 0.086 |

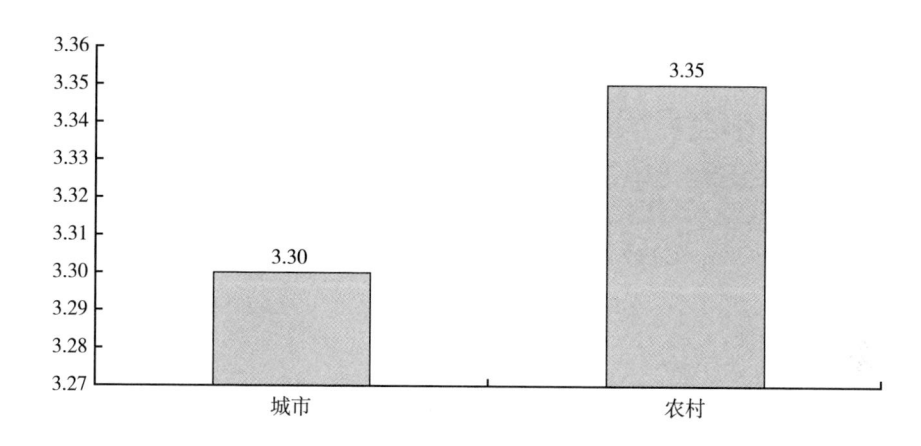

图 5-16　北京市城乡中小学教师医疗条件满意度

表 5-21　北京市城乡中小学教师社会保障条件满意度

| 区域 | 样本量 | 均值 | 标准差 |
|---|---|---|---|
| 城市 | 1919 | 3.43 | 1.075 |
| 农村 | 3997 | 3.50 | 1.102 |

表 5-22　北京市城乡中小学教师社会保障条件满意度差异

|  | F 值 | t 值 | 自由度 | p 值 |
|---|---|---|---|---|
| 社会保障 | 3.561 | -2.258 | 5914 | 0.024 |

事业单位医保制度改革的完成，标志着全市中小学教师由原来的公费医疗全部向社会医疗的转变。随着社会医疗保险全面推行，教师过去一直存在的取药难和报销难等问题得到了极大的改善。然而，教师体检间隔时间长、体检机构资质偏低、体检项目不够全面以及学校医疗卫生条件差等问题依然存在。

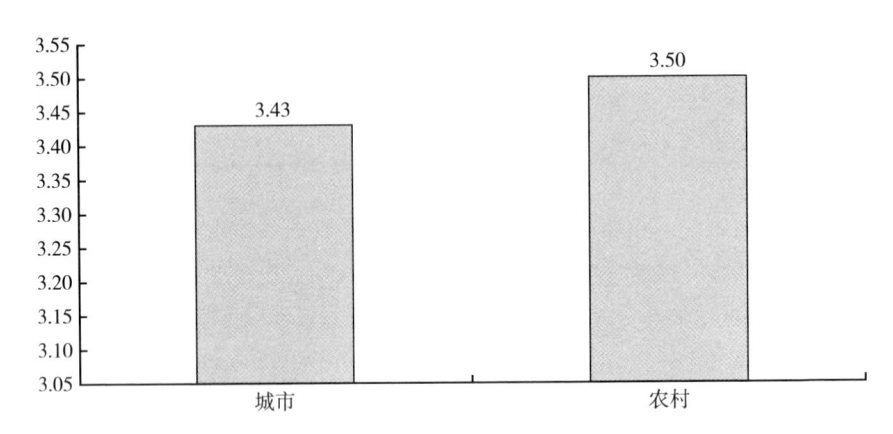

图 5-17 北京市城乡中小学教师社会保障满意度

**1. 体检次数**

在调研中，我们发现大部分农村学校教师都能进行一年一次的体检，少部分农村学校教师两年进行一次体检，其中有的学校规定男教师只能两年进行一次体检，女教师可以一年一次体检。

调查结果显示，城市中99.2%的学校组织过体检，农村有98.7%的学校组织过体检。具体来说，城市地区87.4%的学校每年组织一次体检，10.3%的学校每两年组织一次体检，1.5%的学校不定期组织体检，0.8%的学校没有组织过体检；农村地区77.6%的学校每年组织一次体检，17.7%的学校每两年组织一次体检，3.4%的学校不定期组织体检，1.3%的学校没有组织过体检（见表5-23）。

表 5-23 北京市城乡中小学校健康体检次数统计

单位：%

| 区域 | 学校组织健康体检次数情况 ||||  合计 |
|------|----------|----------|----------|--------|------|
|      | 没有组织过 | 每年一次 | 两年一次 | 不定期 |      |
| 城市 | 0.8 | 87.4 | 10.3 | 1.5 | 100.0 |
| 农村 | 1.3 | 77.6 | 17.7 | 3.4 | 100.0 |

**2. 体检机构**

在调研中，校长和教师普遍认为，体检机构的资质偏低，农村地区医疗机构的设备更新慢,条件相对落后。有教师反映,有些平原和山区学校就近选择当地的乡镇卫生院或卫生所让教师进行体检。教师们很担心,当地医疗设备落后,不一定能及时准确发现潜在疾病。

3. 体检项目

有的校长和教师指出,体检项目少,不够齐全,且没有针对性,有的学校体检项目一成不变,没有针对常见的"职业病"的体检项目,因此,这样的体检难以真正达到体检目的。

4. 学校医疗卫生情况

调查数据显示,城市和农村学校的医疗卫生条件大体相当。具体来说,城市地区64.8%的学校有医务室,57.4%的学校有校医,19.8%的学校配有医药箱,13.5%的学校办公室定期消毒;农村地区59.4%的学校有医务室,57.5%的学校有校医,29.6%的学校配有医药箱,23.4%的学校办公室定期消毒(见表5-24)。

表5-24 北京市城乡中小学校医疗卫生条件统计

单位:%

| 区域 | 学校医疗卫生条件 ||||| 
|------|--------|------|--------|------------|------|
|      | 医务室 | 校医 | 医药箱 | 办公室定期消毒 | 其他 |
| 城市 | 64.8 | 57.4 | 19.8 | 13.5 | 3.4 |
| 农村 | 59.4 | 57.5 | 29.6 | 23.4 | 3.8 |

看病难乃是当前全社会普遍存在的问题。看病需要花费很长时间。教师一旦请假看病,很难有多余教师代替上课。访谈中有的教师表示,若是小病干脆不去看,吃点药,强忍着,等周末去看。因此,当前农村中小学教师看病难问题依然严峻。

**案例5-11 农村学校教师医疗条件差**

某小学校长说:"医疗方面,农村学校条件比较差。定点医院比较远,我们教师的定期体检是区里出钱，学校有自主权。区里安排定期体检在镇里医院，镇里医院体检设备比较老旧，做一些很普通的体检项目没有问题，但一些特殊项目就不能做了。"

**案例 5-12　教师看病难，希望开通就医绿色通道**

某中学教师说："由于山区医疗条件相对较差，而去城区看病需要较长的时间，不仅因为路途远，还因为去城区医院挂号需要排队等，教师外出看病少则一天多则几天，有些学校教师请假外出看病按事假处理。这些原因导致许多教师'小病忍着，大病拖着'，严重影响了身体健康，是否可以考虑为农村教师就医开一个绿色通道，能够让农村教师及时看病，从而能及时返校教学。"

## （六）工作时间与强度

近年来，农村中小学教师供给不足问题日益突出，进一步加大了农村中小学教师的劳动强度。这使得农村中小学教师没有更多的时间照顾家庭和孩子。下面对城乡中小学教师的起床时间和在校时间、个人支配时间、时间使用去向三个方面情况进行描述。

1. 教师起床时间和在校时间

对于教师早起时间和在校时间，调查统计结果显示，城乡学校教师起床时间都很早。调查数据显示，近30%的教师在5：30之前起床，约1/2的教师5：30~6：00起床，约1/5的教师在6：00~6：30起床，6：30以后起床的比例不到4%（见表5-25）。[①]

---

[①] 赖德信、鱼霞、李一飞：《乡村教师工作生活质量现状调查与对策研究——基于北京市乡村教师的调查分析》，《教师教育学报》2016年第12期。

表5-25  北京市城乡中小学教师早上起床时间统计

| 区域 | 早上起床时间分布 ||||合计|
|---|---|---|---|---|---|
| | 5:30之前 | 5:30~6:00 | 6:00~6:30 | 6:30以后 | |
| 城市 | 28.5 | 51.8 | 16.6 | 3.1 | 100.0 |
| 农村 | 29.1 | 47.8 | 20.3 | 2.8 | 100.0 |

调查结果表明，大约70%的教师在校时间在10个小时及以上，约30%的教师在校时间小于10个小时。具体来说，城市学校24.0%的教师在校工作时间为10小时以下，37.3%的教师在校工作时间约为10小时，38.7%的教师在校工作时间在10小时以上；农村学校32.2%的教师在校工作时间为10小时以下，33.2%的教师在校工作时间约为10小时，34.6%的教师在校工作时间在10小时以上（见表5-26）。

表5-26  北京市城乡中小学教师在校时间统计

单位：%

| 区域 | 在校时间 |||合计|
|---|---|---|---|---|
| | 10小时以下 | 约10小时 | 10小时以上 | |
| 城市 | 24.0 | 37.3 | 38.7 | 100.0 |
| 农村 | 32.2 | 33.2 | 34.6 | 100.0 |

2. 下班后个人可支配时间

在这里，个人可支配时间是指教师除必要的工作之外剩下的时间。它一方面反映了教师个人闲暇时间的长短，另一方面间接反映了教师工作强度的大小。如果个人可支配时间越少，那么教师个人闲暇时间就越少，工作强度就越大。调查数据显示，城市学校教师下班以后个人可支配时间小于1小时的比例为24.8%，1~2小时的比例为41.6%，大于2小时的比例为33.6%；农村学校教师下班以后个人可支配时间小于1小时的比例为21.1%，1~2小时的比例为40.7%，大于2小时的比例为

38.2%（见表5-27）。① 上述数据表明，城市和农村学校教师的个人闲暇时间与工作强度大体相当。

表5-27 北京市城乡中小学教师个人可支配时间统计

单位：%

| 区域 | 教师下班后个人可支配时间 ||| 合计 |
|---|---|---|---|---|
| | 小于1小时 | 1~2小时 | 大于2小时 | |
| 城市 | 24.8 | 41.6 | 33.6 | 100.0 |
| 农村 | 21.1 | 40.7 | 38.2 | 100.0 |

3. 教师个人可支配时间使用去向

调查发现，大约70%的城乡教师个人可支配时间用于做家务，约35%的教师个人可支配时间用于批改作业、备课或家访，50%左右的教师个人可支配时间用于教育子女，24%左右的教师个人可支配时间用于娱乐，15%左右的教师个人可支配时间用于健身（见表5-28）。②

表5-28 北京市城乡中小学教师个人可支配时间使用去向占比

单位：%

| 区域 | 个人时间支配（多选） ||||| 
|---|---|---|---|---|---|
| | 娱乐 | 做家务 | 批改作业、备课、家访等 | 教育子女 | 健身 |
| 城市 | 23.8 | 67.3 | 37.0 | 45.1 | 14.1 |
| 农村 | 24.8 | 68.2 | 34.6 | 50.5 | 15.8 |

上述对教师起床时间、在校时间和个人可支配时间三个方面的统计分析，表明农村教师在起床时间方面比城市教师早得多；农村教师与城市教师在校时间方面没有明显差别；在个人可支配时间上，农村教师多于城市教

---

① 赖德信、鱼霞、李一飞：《乡村教师工作生活质量现状调查与对策研究——基于北京市乡村教师的调查分析》，《教师教育学报》2016年第12期。
② 赖德信、鱼霞、李一飞：《乡村教师工作生活质量现状调查与对策研究——基于北京市乡村教师的调查分析》，《教师教育学报》2016年第12期。

师。具体来说，29.1%的农村教师需要在5:30之前起床上班，主要因为上班路途遥远。城乡教师在校时间总体上还是比较长的，大约70%的教师在校时间为10个小时及以上。城市和农村教师个人可支配时间大于2小时的所占比例分别为33.6%、38.2%。

近年来，农村教师的工作时间和工作强度的不断加长与加大主要存在以下两个方面的原因。

第一，农村学校教师供给不足加大教师的劳动强度。近年来，中小学一直受到教师供给不足问题的困扰，这使得中小学招聘新教师越发被动和困难。为了满足教学需求，中小学教师不得不变成"多面手"。很多教师不但要承担多个学科的教学任务，而且要兼顾行政事务。这一现象在农村寄宿制学校尤为突出。受资金限制，农村寄宿制学校很难招聘到工勤人员，因此，为了保障学校正常运转，全校教师只好轮流住校值班，以照顾学生。受此影响，教师工作量自然增加，工作强度也进一步加大。

第二，新一轮课程改革对教师综合素质和能力的要求也越来越高，相应地加大了教师的工作压力和工作强度。具备跨学科融合的理念、视角和综合实践能力，是新课程改革对教师的基本要求。教师不能满足于现状，要加强对新课改相关理论知识的学习、消化和吸收，并付诸课堂实践。[①]

### 案例5-13 上下班时间跨度长，工作量大

某中学教师说："我每天6:40上车，下午6:10到家。工作量较大，一周加班2~3次，每次1小时左右。每周课时量为英语4节课，外加年级组长、备课组长工作，以及学校内部各种学生活动等占工作时间的30%~40%。"

---

[①] 赖德信、鱼霞、李一飞：《乡村教师工作生活质量现状调查与对策研究——基于北京市乡村教师的调查分析》，《教师教育学报》2016年第12期。

**案例 5-14　离家远、交通不便，无法照顾家庭和孩子**

某小学教师说："我家距学校 60 里路，坐校车，早上 6 点从家出发，冬天晚上 6 点到家，夏天 6 点半到家，平均每天要 12 个小时，甚至更多的时间在工作和去工作的路上。若看晚自习，要晚上 9 点放学，就不能回家。而已婚有子女的教师越来越多，因离家远，家庭、孩子都无法照顾，一年除了寒暑假 2 个月能照顾自己孩子的饮食、学习外，平时的 10 个月都无法照顾。我爱人也是教师，在县城学校上班。我儿子读二年级，下午课后去小饭桌，包括晚饭。儿子早上 7:30 上学，要提前做早餐。家里的忙我一点也帮不上，儿子学习习惯有问题。如家有急事，从学校到昌平就要 1 个小时。希望学校作息时间能够有一些弹性。"

**案例 5-15　农村教师两地分居，影响家庭和睦，孩子教育缺失**

某中学教师说："常态化的教师夫妻两地分居，容易造成自己孩子家庭教育的缺失。我孩子 4 岁，每次给我打电话就是两句话，第一句：'爸爸，你什么时候回来呀？'第二句：'妈妈你说吧，我不知道说什么了。'我听了特心酸，孩子想我了才给我打电话，但是接触不多，又没什么可说的。"

### （七）工资待遇

在调研座谈中，中小学一线教师、校长和各区教委主管领导一致认为，自 2009 年实施绩效工资制度改革以来，中小学教师工资水平大幅度提高，教师工资差距进一步缩小。

第一，实施绩效工资政策以后，中小学教师工资的内部差距进一步缩小。以北京市 2009 年和 2013 年的实地调查数据为例，2009 年以前，城市发展新区和生态涵养发展区的小学阶段教师工资差距为 860 元，实施绩效工资后的 2013 年二者的差距为 360 元；中学阶段教师工资二者前后差距分别为 604 元和 96 元。实行绩效工资政策以后，不同区域教师工资水平得到明显的改善，体现了一定程度的公平。①

第二，北京市教师工资水平得到了大幅度提高，教师职业吸引力得到进一步提升。统计数据显示，2018年全市教师工资平均水平是2009年的2.91倍，增幅达到了190.56%。这表明实施绩效工资制度以后，教师工资总体水平得到了较大程度的提高。同时，与其他行业相比，教师的职业吸引力也进一步得到了提升。2018年统计数据显示，与金融业、卫生和社会工作、科学研究和技术服务业等几个行业相比，教师工资平均水平仍然是最低的。比如，2018年金融业平均工资是教师平均工资的1.66倍，卫生和社会工作平均工资是教师平均工资的1.16倍，科学研究和技术服务业平均工资是教师平均工资的1.06倍。但是，从平均工资的行业排名来看，2009年教师工资在全部19个行业排在第10位，2018年则上升到第6位，排名上升了4位。因此，近几年来，教师职业社会吸引力有了一定程度的提高。

表5-29 2009年、2018年北京市各行业城镇平均工资水平及增长情况

单位：元，%

| 行业 | 2009年工资水平 | 行业排名 | 2018年工资水平 | 行业排名 | 工资水平增幅 |
| --- | --- | --- | --- | --- | --- |
| 金融业 | 143187 | 1 | 266921 | 1 | 86.41 |
| 信息传输、软件和信息技术服务业 | 28759 | 17 | 205834 | 2 | 615.72 |
| 卫生和社会工作 | 63081 | 6 | 187390 | 3 | 197.06 |
| 文化、体育和娱乐业 | 67881 | 5 | 173632 | 4 | 155.79 |
| 科学研究和技术服务业 | 77632 | 4 | 170139 | 5 | 119.16 |
| 教育 | 55420 | 10 | 161029 | 6 | 190.56 |
| 电力、热力、燃气及水产生产和供应业 | 77875 | 3 | 160386 | 7 | 105.95 |
| 公共管理、社会保障和社会组织 | 53529 | 11 | 140310 | 8 | 162.12 |
| 租赁和商务服务业 | 56647 | 9 | 127507 | 9 | 125.09 |
| 采矿业 | 57031 | 8 | 123959 | 10 | 117.35 |

---

① 北京教育科学研究院教师研究中心课题组：《北京市中小学教师工资水平研究报告》，2014。抽样样本调查区包含石景山、顺义、大兴、通州四个区。

续表

| 行业 | 2009年工资水平 | 行业排名 | 2018年工资水平 | 行业排名 | 工资水平增幅 |
| --- | --- | --- | --- | --- | --- |
| 批发和零售业 | 46087 | 12 | 123713 | 11 | 168.43 |
| 制造业 | 41595 | 15 | 121299 | 12 | 191.62 |
| 建筑业 | 41981 | 14 | 114631 | 13 | 173.05 |
| 交通运输、仓储和邮政业 | 100794 | 2 | 107828 | 14 | 6.98 |
| 房地产业 | 44256 | 13 | 101346 | 15 | 129.00 |
| 水利、环境和公共设施管理业 | 37183 | 16 | 94369 | 16 | 153.80 |
| 农、林、牧、渔业 | 27020 | 18 | 59015 | 17 | 118.41 |
| 住宿和餐饮业 | 57948 | 7 | 58156 | 18 | 0.36 |
| 居民服务、修理和其他服务业 | 25006 | 19 | 57182 | 19 | 128.67 |

资料来源：中华人民共和国国家统计局编《中国统计年鉴2010》《中国统计年鉴2019》。

**案例5-16　实行绩效工资，教师工资水平大幅提高**

某学校教师说："与2009年实行绩效工资之前相比，我的工资有了较大幅度的提升。比如，之前我每月到手工资为4000元左右，一年收入不到5万元。现在每个月有6000多元，一年可支配收入大概为8万元，比以前工资水平增长了约50%。我们的工资收入在学校里算是中等水平，最高的为9万元左右。"

## （八）总体幸福感

调查结果显示，城乡中小学校教师的总体幸福感的统计均值为3.54，处于比较满意的状态。在教师总体幸福感维度中，教师自我报告的范围为3.52~3.57，属于比较满意程度。t检验结果显示，农村学校教师与城市学校教师的幸福感没有显著差异。但是，在调研访谈和座谈中发现，农村教师对生活方面总体满意度较低，普遍感到自己收入低、社会地位低（见表5-30、表5-31、图5-18）。

表5-30 北京市城乡中小学教师总体幸福感

| 区域 | 样本量 | 均值 | 标准差 |
| --- | --- | --- | --- |
| 城市 | 1921 | 3.52 | 1.077 |
| 农村 | 4006 | 3.57 | 1.124 |

表5-31 北京市城乡中小学教师总体幸福感差异

| | F值 | t值 | 自由度 | p值 |
| --- | --- | --- | --- | --- |
| 总体幸福感 | 6.565 | -1.881 | 3935.162 | 0.060 |

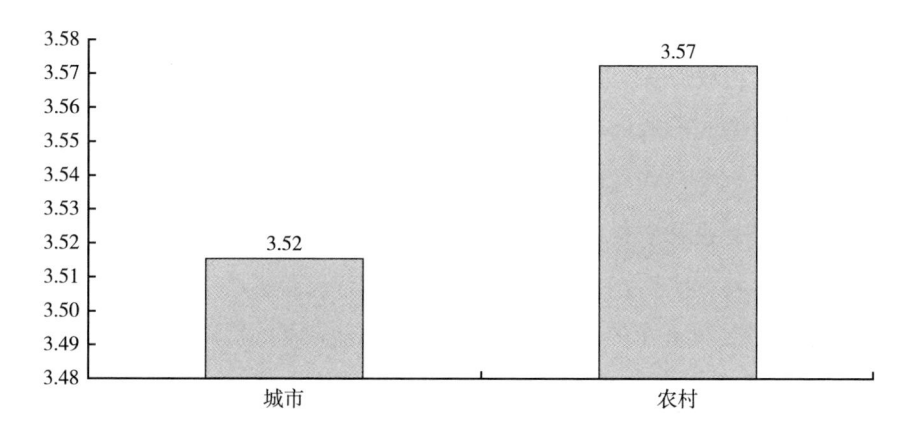

图5-18 北京市城乡中小学教师总体幸福感

### 案例5-17 幸福是什么？——学生对教师的关心

某中学教师说:"幸福是什么？就是学生对教师的感情。我平时讲话大声,有一次因为嗓子疼,跟学生说:'我今天嗓子疼,声音要小一些。'班长就马上出去帮我拿水杯,给我接了杯热水放桌上。我心里特别感动,那节课声音不小,反而更大了。下课,学生都问我身体怎么样,还问我为什么没喝水。我说:'有这杯水就行,不用喝就管用。'第二天发现我桌上有个杯子,以为是别人错放的,后来才知道是学生送的。他说:'我知道您为什么没喝水,因为您那个杯子没盖,粉笔末会溅到杯子里,我给您一个有盖的新杯子。'有这样的孩子,累点也值。"

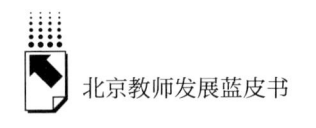

**案例5-18　最不幸福的事情——唯成绩论**

某学校教师说："最不幸福的是自己的学生学习习惯、学习基础差，自己教学压力大。每个教师都兢兢业业、劳心费力地工作，但教师的付出与学生成绩的提高不成正比。希望能综合地评价山区学校成绩，不唯成绩论。"

## 三　改善农村中小学教师工作生活状况的对策建议

1. 建立农村教师任教期限的调动机制

为了调动农村教师的工作积极性，向农村教师提供向外流动的机会，需要加快建立农村教师任教期限的调动机制。允许任期满6年、考核合格的农村教师提出申请调离农村学校。

2. 建立农村教师子女在城区学校就近入学的绿色通道

为了解决农村教师子女入学的后顾之忧，允许农村教师的子女在其任教区的城区选择一所学校就近入学，使农村教师安心任教。

3. 建立农村教师医疗绿色通道

解决教师职业特殊性的诉求，缩短教师排队挂号就诊的时间，保障教学秩序正常进行。在现行制度架构内，做好农村教师重大疾病救助工作，建立教师互助基金。建立并落实农村教师年度体检制度。

4. 重视农村教师的身心健康

预防教师过度劳累和心理问题的产生，提高教师身心健康水平，缓解教师职业压力，营造健康的教育教学环境，支持农村学校举办教师心理健康讲座，成立教师成长小组，促进教师身心健康成长。

5. 山区寄宿制学校建立教师周转房

改善教师的住宿条件，缓解教师照顾家庭的压力；在非寄宿制农村学校按2人一间的标准间配备教师宿舍，缓解教师早起的疲劳。

6. 建立教师廉租房与经济适用房

采取特殊政策，在城区建教师廉租房与经济适用房，保障教师居有定所，减轻后顾之忧。

7. 建立持续提高农村中小学教师工资水平的保障机制，切实提高农村教师工资待遇

建议把农村教师生活补助经费按一定比例分阶段地纳入教师绩效工资体系。把生活补助经费一部分纳入基础性工资，另一部分纳入绩效工资，在3~5年内逐步建立起完善的农村教师工资水平保障机制，切实提高农村教师工资待遇，保障农村教育教学质量不断提高。

# 热点分析报告

Hot Spot Analysis Report

## B.6
## 北京市中小学教师队伍应对
## 新冠肺炎疫情做法、挑战与对策

北京教育科学研究院教师研究中心课题组 *

摘　要： 2020年突如其来的新冠肺炎疫情严重干扰了中小学教育教学的正常开展。北京市中小学教师严格执行"停课不停学"的政策要求，开展线上教育教学，取得了积极的成效。需要看到的是，疫情给北京市中小学教师师德、专业发展、队伍管理等方面带来了挑战。为此，要坚持将教师政治素质的培养放在重要的位置，丰富立德树人师德建设新的内涵，专业素养的提升要面向未来、与时俱进，提升教师治理体系和治理能力等策略，实施"三个一"系列主题活动、"教师综合素质全面提升行动计划"、"数字资源强基工程"、农村"双师

---

\* 北京教育科学研究院教师研究中心课题组成员包括鱼霞、赖德信、郝保伟、宋洪鹏、李一飞、陈黎明、王婷。

教学"模式教师队伍培养工程等措施。

**关键词：** 新冠肺炎疫情　中小学教师队伍　教师队伍建设　师德建设

在新冠肺炎疫情期间，按照教育部和北京市"停课不停学"的统一部署要求，北京市中小学教师以高度的政治责任感，勇于担当，积极迅速行动起来，通过"空中课堂"录制精品课程资源等多种途径，向北京80多万名中小学生乃至京外的中小学生居家学习提供指导与服务，为北京市统筹做好疫情防控状态下的中小学生的学习工作做出了重要贡献。本报告通过线上问卷以及对北京市16区优秀校长（园长）、教研员、教师的深度访谈，对北京市中小学教师应对疫情开展教育教学工作的情况进行了综合分析，在此基础上提出应对的策略。

## 一　北京市中小学教师队伍应对疫情的做法

### （一）严格执行政策要求

根据教育部办公厅、工业和信息化部《关于中小学延期开学期间"停课不停学"有关工作安排的通知》（教基厅函〔2020〕3号）及《关于进一步做好2020年春季学期中小学延期开学相关工作的通知》（京教防组基发〔2020〕3号）等系列文件，北京市各级各类教师认真学习并执行政策要求，开展网络教学，关心学生心理健康，加强家校沟通，保证了疫情期间学生的身心健康与全面发展。

### （二）落实立德树人根本任务

在疫情防控期间，开展"双特"战"疫"，即首都93名"特级校长"和近800名"特级教师"对家长和教师提出的问题及时解答，实现接诉即

办；名师录播与在线教学为学生提供学习资源，努力实现优质资源共享；按照德育优先原则，以"生命教育"等主题教育活动的方式引导学生关注生命，热爱环境，树立责任意识。

## 二 疫情给教师队伍建设带来的挑战

### （一）给师德建设带来的挑战

由于疫情的影响，中小学生只能居家在线学习，教师不能对学生进行面对面的教导，只有不断探索创新更加丰富多样的育人方式、育人方法与育人内容，才有可能对学生进行正确的舆论导向和价值引领。

作为未成年的中小学生，在疫情的影响下，难免会出现紧张、焦虑等不良情绪，需要教师给予更多的心灵抚慰。另外，因家庭贫困没有电子设备与网络的学生，父母是双职工或是医护人员坚守在抗疫一线无暇被顾及的学生，以及学习自制力弱的学生，要求教师比平时给予这些学生更多的关爱、支持与帮助。

### （二）对教师专业发展提出的挑战

1. 对教师在专业发展方面提出了八大挑战

疫情期间，线上教学对于教师专业发展提出新要求，通过比照国家及中小幼教师专业发展标准，教师在专业发展方面存在以下挑战。

第一，很难从"为教而教"转变为"以学定教"，真正激发学生主动性和积极性，希望教师真正成为"以学生为中心"的贯彻者。

第二，很难灵活掌握学生身心特点和认知规律，难以抓住学生真实的情感需求及认知短板，希望教师成为能与学生进行心与心沟通的对话者。

第三，运用新技术、新方法、新手段的水平亟待提高，希望教师成为信息化教学的实践者。

第四，缺乏课程优质资源选择和跨学科课程整合能力，难以激发学生求知欲和促进学生全面发展,希望教师成为优质课程的设计者。

第五,缺乏有效评价和激励学生的手段及方法,时常因无法及时收到反馈而感到抓不住学生,希望教师成为高效学习活动的组织者。

第六,疫情期间心理调适及危机干预的需求激增,但是教师缺乏应对的方法与技巧,希望其成为危急情况的有效干预者。

第七,疫情期间教师有时很难争取家长的配合与理解,希望其成为家校合作令人信服的引导者。

第八,新冠肺炎疫情防控常态化阶段,教育教学可能发生新变化,对师生提出新要求,希望教师成为学生成长的设计者。

2. 对名师名校长辐射引领作用提出了挑战

疫情期间,名师名校长普遍感到分身乏术,尤其全市复课之后,很难兼顾自身教学并发挥辐射作用,同时也有一些名师名校长资源没有得到充分挖掘。因此,需要设立一个机构整合全市高层次人才资源,加强顶层整体设计、持续跟进,使名师名校长的作用更加凸显,辐射面更广,受益面更大。

3. 对农村教师队伍输血的培训模式提出了挑战

疫情对农村教师信息筛选、课程组织与开发的能力提出挑战。亟须改变农村教师现行以输血为主的培训模式,需通过远程教学与名师同备课共上课的"双师教学"模式,与名校共享课程资源,提高农村教师专业水平,形成农村教师自我发展的造血机能。

## (三)给教师队伍管理带来的挑战

首先,对学校管理带来了很大的挑战。虽然学校组织开展了线上会议、专题培训、教研活动等,但是对教师教育教学质量评价管理的难度增大。线上教学不仅仅改变了教学形式,还改变了教学时间和互动方式,增加了教师的工作量。如有的教师要任教三个班级,有的教师要通过网络录课系统同步给几个班级上课,这都增加了教师的工作量。

其次,市区教育行政部门对教师教育教学的统筹力度有待加强。市区教育行政部门编制了中小学线上教学方案，市区教研部门组织优秀的骨干教师录制各种形式的微课和语文、数学、英语、道法、生物、物理、化学、地理、历史、政治等空中课堂视频，有效推动了线上教学的开展。上海市组织1000多名优秀骨干教师，录制空中课堂视频课程，自2020年3月2日开始线上教学，涵盖中小学所有课程。与上海相比，北京市区教育行政部门的统筹力度还有待加强。

## 三　策略与措施

### （一）策略

1. 将教师政治素质的培养放在重要的位置

肩负全面落实立德树人根本任务的人民教师，必须坚定政治立场，做到"两个维护"，树立"四个意识"，坚定"四个自信"。

2. 丰富立德树人师德建设新的内涵

坚持以学生为中心，关爱每一个学生，不让任何一个学生掉队。坚持五育并举，丰富育人内涵，提升育人能力，提升学生自主学习、自主管理的能力，培养德智体美劳全面发展的学生。

3. 专业素养的提升要面向未来、与时俱进

第一，教师要转变教育观念和角色定位。教师要成为学生学习的引导者、支持者，以适应新的教育形态、教学方式、师生关系、家校关系，以更加开放和年轻化的心态，拥抱新知识、新经验、新技术和新方法。

第二，拓展、深化教师专业发展的内容。全方位提升教师的信息技术运用能力，将信息技术与教育教学全面、深度融合。制定并实施信息化专项培训、全员培训、校本培训。每所学校要培养一定数量的信息技术骨干教师。

第三，促进教书和育人能力的有机统一。教师要适应融合教育教学新方式、新形态。提高教师对学科知识和课程的整合能力，少讲、精讲，提高课堂效率。深入研究学生的成长规律、学习规律。

第四，加强家校合作的指导力。提高教师指导家庭教育的能力，强化教师作为家庭教育指导者的角色。增加和提高教师危机处理的知识和能力，提高对学生心理危机干预的能力，配足配齐、培训高素质专业化的心理教师。

4.提升教师治理体系和治理能力

首先，依据新形势、新要求，教师治理体系要及时变革，治理能力要保障有力。配足配齐教师，是教育事业发展的基本要求，编制部门和教育部门要科学预测教师需求，及时补充需求缺口。创新编制管理，优化师资配置。

其次，创新教师管理，建立与混合教学方式相适应的教师管理制度，采取灵活多样的管理方式和手段。突出人文关怀，减轻学校和教师负担。

再次，优化教育经费结构，提高人员经费比例，进一步提高教师工资待遇，营造全社会尊师重教氛围，切实提高教师社会地位，使教师成为富有吸引力和竞争力的职业。

最后，市区政府统筹，建立健全名优校长教师发挥引领示范作用的体制机制和平台，研发优质教育教学资源。采取混合教学模式、"双师教学"模式，引领青年教师、农村学校教师专业发展。

## （二）措施

1.师德建设：开展"三个一"系列主题活动，弘扬高尚师德，潜心立德树人

学校通过实施"三个一"系列主题活动，即组织召开特殊时期的"党员民主生活会"活动，提高党员教师政治站位，坚守正确的思想意识形态，强化政治担当，增强政治敏锐性和鉴别力。组织开展"优秀教师经验分享会"，安排优秀教师代表为全校教师分享学科育人的典型案例，提升教师落实立德树人水平。每周召开一次"师生在线交流会"，确保全覆盖、无遗漏、实时掌握全体学生学习和生活状况，关心和爱护

学生。

2. 专业发展：实施"教师综合素质全面提升行动计划"，创新教学和管理模式

实施"教师综合素质全面提升行动计划"，通过培训、体验、研究和实践等多种方式，全方位提升教师的教育教学理念，创新教育教学方法和管理模式。具体措施包括以下几方面。

（1）设立"教师、校长教育信息化素养全面提升"工程，开展教师信息化全员培训，加强教师"互联网＋教育"理念，增强教育技术能力，提升教师信息素养。开展校长信息化领导力培训，全面提升校长信息素养。

（2）开展"基于资源融合教师教学能力提升"专题培训，不断提升教师学科课程资源整合与融合能力。

（3）打造"在线多元评价体系"，注重过程性、实践性和公平性，给予学生更多"评议权"，优化家长评价渠道。

（4）设立"教师心理调适与危机干预"项目，开展参与式培训，让教师学会自我心理调适，有效应对突发事件。

（5）加强"教师职业发展规划"专题培训，增强教师职业生涯发展规划知识储备，提升教师自主规划能力。

（6）学校要建立和完善"家长学校"，使学校、教师和家长成为生命健康的共同呵护者、自主学习的引领者和监督者、学习资源的供给者、生活和心理健康的调试者，构建在线教育家校命运共同体，增进新型家校合作关系。

（7）设立"在线教学"研究专项，鼓励一线教师申请课题，激励发扬教师攻坚克难精神，解决具体在线教学中的实际问题，总结典型案例，并进行推广。

3. 实施"数字资源强基工程"，发挥名师名校长群体的引领示范作用

实施"数字资源强基工程"，统筹市区优秀教师资源，进一步加强"北京市数字学校"资源库建设，充分发挥名师名校长（名园长）的示范引领

作用。

4.实施农村"双师教学"模式教师队伍培养工程，提升农村教师队伍建设的造血功能

实施农村"双师教学"模式教师队伍培养工程。"双师教学"模式即一个优秀教师作为主讲教师，另外一个或几个普通教师作为助教，共同协助完成教学活动，以打造高质量课堂，从助教走向主讲教师，促进教师共同成长，从而提升农村教师队伍的整体水平。

社会科学文献出版社

# 皮 书

## 智库报告的主要形式
## 同一主题智库报告的聚合

### ❖ 皮书定义 ❖

皮书是对中国与世界发展状况和热点问题进行年度监测,以专业的角度、专家的视野和实证研究方法,针对某一领域或区域现状与发展态势展开分析和预测,具备前沿性、原创性、实证性、连续性、时效性等特点的公开出版物,由一系列权威研究报告组成。

### ❖ 皮书作者 ❖

皮书系列报告作者以国内外一流研究机构、知名高校等重点智库的研究人员为主,多为相关领域一流专家学者,他们的观点代表了当下学界对中国与世界的现实和未来最高水平的解读与分析。截至2020年,皮书研创机构有近千家,报告作者累计超过7万人。

### ❖ 皮书荣誉 ❖

皮书系列已成为社会科学文献出版社的著名图书品牌和中国社会科学院的知名学术品牌。2016年皮书系列正式列入"十三五"国家重点出版规划项目;2013~2020年,重点皮书列入中国社会科学院承担的国家哲学社会科学创新工程项目。

**权威报告・一手数据・特色资源**

# 皮书数据库
## ANNUAL REPORT(YEARBOOK) DATABASE

### 分析解读当下中国发展变迁的高端智库平台

**所获荣誉**

- 2019年，入围国家新闻出版署数字出版精品遴选推荐计划项目
- 2016年，入选"'十三五'国家重点电子出版物出版规划骨干工程"
- 2015年，荣获"搜索中国正能量 点赞2015""创新中国科技创新奖"
- 2013年，荣获"中国出版政府奖・网络出版物奖"提名奖
- 连续多年荣获中国数字出版博览会"数字出版・优秀品牌"奖

**成为会员**

通过网址www.pishu.com.cn访问皮书数据库网站或下载皮书数据库APP，进行手机号码验证或邮箱验证即可成为皮书数据库会员。

**会员福利**

- 已注册用户购书后可免费获赠100元皮书数据库充值卡。刮开充值卡涂层获取充值密码，登录并进入"会员中心"—"在线充值"—"充值卡充值"，充值成功即可购买和查看数据库内容。
- 会员福利最终解释权归社会科学文献出版社所有。

数据库服务热线：400-008-6695
数据库服务QQ：2475522410
数据库服务邮箱：database@ssap.cn
图书销售热线：010-59367070/7028
图书服务QQ：1265056568
图书服务邮箱：duzhe@ssap.cn

社会科学文献出版社 皮书系列
卡号：371439634213
密码：

# S 基本子库
# SUB DATABASE

## 中国社会发展数据库（下设 12 个子库）

整合国内外中国社会发展研究成果，汇聚独家统计数据、深度分析报告，涉及社会、人口、政治、教育、法律等 12 个领域，为了解中国社会发展动态、跟踪社会核心热点、分析社会发展趋势提供一站式资源搜索和数据服务。

## 中国经济发展数据库（下设 12 个子库）

围绕国内外中国经济发展主题研究报告、学术资讯、基础数据等资料构建，内容涵盖宏观经济、农业经济、工业经济、产业经济等 12 个重点经济领域，为实时掌控经济运行态势、把握经济发展规律、洞察经济形势、进行经济决策提供参考和依据。

## 中国行业发展数据库（下设 17 个子库）

以中国国民经济行业分类为依据，覆盖金融业、旅游、医疗卫生、交通运输、能源矿产等 100 多个行业，跟踪分析国民经济相关行业市场运行状况和政策导向，汇集行业发展前沿资讯，为投资、从业及各种经济决策提供理论基础和实践指导。

## 中国区域发展数据库（下设 6 个子库）

对中国特定区域内的经济、社会、文化等领域现状与发展情况进行深度分析和预测，研究层级至县及县以下行政区，涉及地区、区域经济体、城市、农村等不同维度，为地方经济社会宏观态势研究、发展经验研究、案例分析提供数据服务。

## 中国文化传媒数据库（下设 18 个子库）

汇聚文化传媒领域专家观点、热点资讯，梳理国内外中国文化发展相关学术研究成果、一手统计数据，涵盖文化产业、新闻传播、电影娱乐、文学艺术、群众文化等 18 个重点研究领域。为文化传媒研究提供相关数据、研究报告和综合分析服务。

## 世界经济与国际关系数据库（下设 6 个子库）

立足"皮书系列"世界经济、国际关系相关学术资源，整合世界经济、国际政治、世界文化与科技、全球性问题、国际组织与国际法、区域研究 6 大领域研究成果，为世界经济与国际关系研究提供全方位数据分析，为决策和形势研判提供参考。

# 法律声明

"皮书系列"(含蓝皮书、绿皮书、黄皮书)之品牌由社会科学文献出版社最早使用并持续至今,现已被中国图书市场所熟知。"皮书系列"的相关商标已在中华人民共和国国家工商行政管理总局商标局注册,如LOGO( )、皮书、Pishu、经济蓝皮书、社会蓝皮书等。"皮书系列"图书的注册商标专用权及封面设计、版式设计的著作权均为社会科学文献出版社所有。未经社会科学文献出版社书面授权许可,任何使用与"皮书系列"图书注册商标、封面设计、版式设计相同或者近似的文字、图形或其组合的行为均系侵权行为。

经作者授权,本书的专有出版权及信息网络传播权等为社会科学文献出版社享有。未经社会科学文献出版社书面授权许可,任何就本书内容的复制、发行或以数字形式进行网络传播的行为均系侵权行为。

社会科学文献出版社将通过法律途径追究上述侵权行为的法律责任,维护自身合法权益。

欢迎社会各界人士对侵犯社会科学文献出版社上述权利的侵权行为进行举报。电话:010-59367121,电子邮箱:fawubu@ssap.cn。

社会科学文献出版社